La Revolución Industrial

Una guía fascinante de un período de gran industrialización y la introducción de la hilatura Jenny, la ginebra de algodón, la electricidad y otros inventos

© Copyright 2020

Todos los derechos reservados. Ninguna parte de este libro puede ser reproducida de ninguna forma sin el permiso escrito del autor. Los revisores pueden citar breves pasajes en las reseñas.

Descargo de responsabilidad: Ninguna parte de esta publicación puede ser reproducida o transmitida de ninguna forma o por ningún medio, mecánico o electrónico, incluyendo fotocopias o grabaciones, o por ningún sistema de almacenamiento y recuperación de información, o transmitida por correo electrónico sin permiso escrito del editor.

Si bien se ha hecho todo lo posible por verificar la información proporcionada en esta publicación, ni el autor ni el editor asumen responsabilidad alguna por los errores, omisiones o interpretaciones contrarias al tema aquí tratado.

Este libro es solo para fines de entretenimiento. Las opiniones expresadas son únicamente las del autor y no deben tomarse como instrucciones u órdenes de expertos. El lector es responsable de sus propias acciones.

La adhesión a todas las leyes y regulaciones aplicables, incluyendo las leyes internacionales, federales, estatales y locales que rigen la concesión de licencias profesionales, las prácticas comerciales, la publicidad y todos los demás aspectos de la realización de negocios en los EE. UU., Canadá, Reino Unido o cualquier otra jurisdicción es responsabilidad exclusiva del comprador o del lector.

Ni el autor ni el editor asumen responsabilidad alguna en nombre del comprador o lector de estos materiales. Cualquier desaire percibido de cualquier individuo u organización es puramente involuntario.

Índice

INTRODUCCIÓN 1
CAPÍTULO 1 - NACIMIENTO DE LA REVOLUCIÓN 3
CAPÍTULO 2 - LOS MOTORES BRITÁNICOS COMIENZAN
A RODAR 14
CAPÍTULO 3 - LOS ENGRANAJES DE LA REVOLUCIÓN.........35
CAPÍTULO 4 - DIFUSIÓN DEL CAMBIO 55
CAPÍTULO 5 - CHISPAS DE UNA NUEVA REVOLUCIÓN.........77
CAPÍTULO 6 - EFECTOS DE LA TRANSFORMACIÓN..............105
EPÍLOGO 128
CONCLUSIÓN..131
VEA MÁS LIBROS ESCRITOS POR CAPTIVATING HISTORY...............133
BIBLIOGRAFÍA..134

Introducción

Durante la mayor parte de la existencia humana, la gente vivió de una manera similar. Todo lo que se ha producido, desde los alimentos y las materias primas hasta la ropa y otros productos terminados, se ha hecho a mano o con ayuda de la fuerza animal. Esto era igual a través de las eras y en todo el mundo, sin importar cuán avanzadas o atrasadas fueran las diversas civilizaciones. Sin embargo, nuestras vidas actuales no podrían ser aún más diferentes. La mayoría de nuestros productos están hechos por máquinas y energía mecánica, permitiendo una mayor productividad y una mayor calidad de vida en general. Ese avance fue posible gracias a lo que hoy llamamos la Revolución Industrial. Su comienzo a mediados del siglo XVIII significó una lenta, pero inquebrantable, transformación de una civilización manufacturera manual a una sociedad industrial impulsada por la maquinaria.

Es difícil sobreestimar lo importante e impactante que fue este evento. Los efectos de la Revolución Industrial tocaron y cambiaron casi todos los aspectos de nuestras vidas. No solo transformó la tecnología y la producción de toda la humanidad, sino que también marcó el comienzo de cambios sociales, tanto en clase como en género, así como en demografía y avances económicos. Al mismo tiempo, fue impulsado y alimentado por los avances científicos y la ingeniería. La Revolución Industrial también fue un paso esencial para transformar el mundo entero en una comunidad global, ya que trajo consigo un progreso significativo en los medios de transporte y comunicación. Todo esto afectó a la forma en que se libraban las guerras, cómo vivía y moría la gente, qué tipo de arte hacían y cómo pasaban su vida cotidiana. Este cambio no solo fue cualitativo, sino también cuantitativo, ya que, a diferencia de los acontecimientos históricos anteriores, la Revolución Industrial no se limitó a una sola parte del mundo. Sus efectos se extendieron por todo el planeta, afectando a casi toda la humanidad en una medida nunca antes vista.

Por eso, se podría argumentar que la Revolución Industrial es uno de los acontecimientos más críticos de la historia de la humanidad, digno de cada átomo de nuestra atención. Conocerla nos permitirá sin duda alguna entender mejor nuestro pasado y el mundo en el que vivimos hoy. Esta guía intentará explorar todos los aspectos de la Revolución Industrial, desde su desarrollo y evolución hasta sus numerosos y variados efectos en la humanidad. Sin embargo, es solo una introducción a este fascinante tema, ya que es realmente un tema que podría ser estudiado durante toda una vida. Esperemos que, para el final de este libro, usted anhele leer algo más sobre la fascinante historia de la Revolución Industrial.

Capítulo 1 – Nacimiento de la Revolución

Para comprender plenamente un acontecimiento complejo como la Revolución Industrial, es necesario echar un vistazo a dónde y cómo comenzó, qué circunstancias llevaron a su desarrollo y cómo moldearon su evolución. Debido a esto, la historia del nacimiento de la Revolución Industrial puede ser rastreada hasta la época medieval tardía en Europa Occidental.

Hasta finales del siglo XV y principios del XVI, Europa no era muy diferente del resto del mundo. Dependía de la mano de obra humana y animal para fabricarlo todo. Era sobre todo una sociedad agraria, donde la población urbana, incluso en las naciones más desarrolladas, rara vez constituía más del 20 por ciento de la población total. En ese momento, la región más desarrollada de Europa era Italia, seguida de cerca por España. A la vanguardia de la manufactura estaba el norte de Italia, que había pasado por un desarrollo apresurado como pionera del Renacimiento. La artesanía de los maestros italianos no tenía precedentes en Europa, y sus comerciantes lograron obtener grandes beneficios a través de su comercio con socios asiáticos. Esto permitió un gran flujo de riquezas y bienes, necesario para crear un terreno fértil para las innovaciones.

El Renacimiento, aunque hoy en día se le recuerda sobre todo por su aspecto artístico, trajo consigo el surgimiento de dos ideas importantes. Una fue la semilla del capitalismo, un sistema económico basado en la propiedad privada de los medios de producción. Este sistema tenía como objetivo solo la generación de beneficios, con un mercado libre y competitivo, la acumulación de capital y el trabajo asalariado como sus características centrales. Por supuesto, las ciudades italianas del Renacimiento no desarrollaron el capitalismo en su verdadera forma. Sin embargo, la idea de considerar los beneficios como algo vital para obtener ganancias financieras se originó entre los comerciantes italianos.

El otro aspecto importante del Renacimiento fue la liberación del pensamiento de las garras de la Iglesia. El Renacimiento vio un resurgimiento de los intereses en las leyes naturales, la ciencia y la filosofía basada en los trabajos de los pensadores de la época antigua. Esto demostró ser un momento crucial para la sociedad europea en su totalidad, ya que permitió el surgimiento de la llamada Revolución Científica a finales del siglo XVI. Esto se caracterizó por el nacimiento del pensamiento y el método científico basado en el empirismo y los experimentos. Sin embargo, fue de alguna manera obstruido por la Iglesia, que vio este movimiento como una oposición a su interpretación religiosa de la realidad. Sin embargo, para el siglo XVII, estaba claro que la ciencia estaba ganando impulso, con más y más avances y más naturaleza explicada a través de leyes científicas. Además de la Revolución Científica, el siglo XVI también trajo la Edad de los Descubrimientos, que fue liderada por los portugueses y los españoles. Descubrieron rutas navales a través de los océanos del mundo, conectando Europa con el Lejano Oriente asiático, la India, África y las recién descubiertas Américas. Los españoles y los portugueses lograron asumir el liderazgo económico sobre los italianos al encontrar rutas navales que conectaban directamente con las naciones del Lejano Oriente, lo que les permitió formar vastos imperios coloniales.

A mediados del siglo XVI, parecía que estos dos países se convertirían en líderes tanto en riqueza como en tecnología, ya que nadie podía rivalizar con ellos en el mar. Sin embargo, otras naciones no estaban dispuestas a jugar un papel de apoyo. Atraídos por el lucrativo comercio de especias que puso a los españoles a la cabeza de los países europeos, otros buscaron la manera de unirse a ellos. Los primeros en poder desafiar a la talasocracia española fueron los holandeses. Ya eran comerciantes experimentados que jugaban un papel vital en el comercio del norte de Europa, pero a finales del siglo XVI, los españoles trataron de sacarlos del negocio. Las dos naciones se involucraron en la guerra, añadiendo otro incentivo a la disputa holandesa contra la supremacía española, a pesar de que el gran imperio colonial español parecía inexpugnable. Sin embargo, los holandeses, que estaban presionados por este conflicto, pero influenciados por las ideas de lucro, fueron los que crearon la primera forma de capitalismo moderno. Esto puede verse claramente en la famosa Compañía holandesa de las Indias Orientales. Establecida a principios del siglo XVII, le gustaba la idea de obtener grandes beneficios a través del control de los medios de producción y el libre comercio. De hecho, se convirtió en la primera corporación multinacional, un conglomerado que se diversificó rápidamente en múltiples actividades comerciales e industriales, incluyendo tanto el comercio como la producción de bienes. Además, fue pionera en la idea de los accionistas y las inversiones de capital compartido.

Una batalla naval entre las flotas españolas y holandesas. Fuente: https://commons.wikimedia.org

Con el auge del comercio y la economía, la Edad de Oro holandesa había comenzado. El aumento de la riqueza trajo la afluencia de trabajadores cualificados, artistas y científicos a la República Holandesa. A su vez, eso causó la proliferación de varios negocios de manufactura, más notablemente la construcción de barcos y refinerías de azúcar. El desarrollo de estas protoindustrias también se vio facilitado por la disponibilidad de la energía barata de los molinos de viento y las conexiones de transporte más rápidas y mejores a través de canales, que cubrían una parte importante de las tierras holandesas. Otro aspecto importante de la era de prosperidad holandesa también se puede rastrear a sus creencias protestantes, que tenían en alta estima la ética del trabajo duro, la educación y la frugalidad. Combinado con las ideas capitalistas, el alto nivel de urbanización ya existente, la mano de obra cualificada masiva, el exceso de capital y los avances tecnológicos, parece que los holandeses tenían todos los requisitos necesarios para iniciar una revolución industrial. Incluso mostraron algunos signos de lograrlo con la invención del aserradero eólico. Esto permitió aumentar la producción de la construcción naval, así como otros productos de madera. A pesar de eso, los holandeses no pudieron dar el último salto hacia una revolución industrial completa.

El paso final hacia la transformación fundamental de la fabricación fue finalmente hecho por los británicos. También tenían algunos de los requisitos previos que fueron marcados por los holandeses. A finales del siglo XVII, Gran Bretaña vio un aumento en la urbanización del país, aunque no estaba al mismo nivel que los holandeses. Los británicos aprendieron rápidamente y adoptaron las ideas del capitalismo, formando su propia Compañía británica de las Indias Orientales con los mismos fundamentos que los holandeses. Eso les permitió entrar en el comercio mundial, ganando constantemente protectorados y colonias en todo el mundo. Con eso llegó un influjo de riqueza y mercancías, que a su vez permitió el aumento de la mano de obra calificada y los desarrollos científicos. Algunos de los artesanos e inventores fueron, de hecho, importados de los holandeses. Además, como ellos, los ingleses también eran en su mayoría protestantes, haciendo su sociedad un poco más ahorrativa y más educada con una fuerte ética de trabajo, al menos cuando se compara con el resto de Europa. Vale la pena señalar que la geografía también jugó un papel importante. Gran Bretaña tenía extensas costas y muchos de sus ríos eran navegables, lo que permitía un eficiente transporte marítimo como el de los canales holandeses. La pregunta es, ¿qué tenía Gran Bretaña que era diferente de otras naciones que les permitió encender el motor de la industria?

La Armada de la Compañía Británica de las Indias Orientales. Fuente: https://commons.wikimedia.org

El primer factor importante fue la llamada Revolución Agrícola Británica. Desde mediados del siglo XVI, los agricultores británicos comenzaron lentamente a aumentar su producción, produciendo un poco más cada año. Este avance fue provocado por cambios tecnológicos como la rotación de cultivos, el arado mejorado, la expansión de la tierra cultivada, la creación de granjas más grandes y nuevos tipos de cultivos. Por supuesto, estos avances no se limitaron solo a Inglaterra. Por ejemplo, los holandeses, inspirados por el diseño chino, idearon primero el arado mejorado. Sin embargo, parece que los señores feudales británicos estaban más ansiosos por apoyar e incluso impulsar estos cambios en su búsqueda de un aumento de la producción y los beneficios. Solo se vieron más atraídos por la creciente demanda del recién formado mercado unificado británico, que surgió tras la unión de Inglaterra y Escocia. Así pues, la mayor parte de los avances agrícolas se hicieron sentir en Gran Bretaña, superando el ritmo de desarrollo del resto de Europa. Los efectos de este salto adelante en la producción fueron dobles. En primer lugar, significó que se necesitó menos gente para trabajar en una granja y al mismo tiempo producir más alimentos que antes. Muchos aldeanos perdieron sus pequeñas granjas, que luego se fusionaron en unidades más grandes, mientras que había menos puestos de trabajo para la mano de obra auxiliar y estacional. La liberación de la fuerza de trabajo de la agricultura llevó a la migración hacia las ciudades, donde muchos aldeanos buscaron su fortuna.

Sin embargo, el exceso de mano de obra en las zonas urbanas no fue causado únicamente por las migraciones. Otro factor que contribuyó fue el crecimiento de la población. Tanto el aumento de la producción de alimentos y la Revolución Agrícola, como los avances graduales en medicina e higiene, causaron un aumento demográfico gradual. Una vez más, otros países europeos también lograron salir del estancamiento demográfico que había durado desde la antigüedad. Aún así, Inglaterra una vez más demostró estar a la vanguardia de estos cambios. Algunas estimaciones recientes nos dicen que de 1500 a 1650, la población de Gran Bretaña se duplicó con creces. Esta tendencia en el aumento de la población continuó más tarde, impulsada por la Revolución Industrial. Otro factor que contribuyó a la afluencia demográfica fue el hecho de que, desde la unificación de Gran Bretaña a principios del siglo XVIII, Gran Bretaña vio una prolongada era de paz en su propio suelo, a diferencia de la Europa continental, donde las guerras eran un acontecimiento relativamente constante. Por supuesto, esto no significa que los británicos no estuvieran involucrados en la guerra. Sin embargo, su tierra se salvó en gran medida de la destrucción, y la población no experimentó la carga añadida de las bajas civiles. A su vez, la falta de operaciones militares y la eliminación de la guerra en suelo británico también significó que su producción, comercio y economía sufrieron menos tensión y trastornos que sus homólogos europeos.

Otro aspecto del desarrollo de Gran Bretaña durante el siglo XVII fue que comenzó a convertirse en una nación con una economía de altos salarios. Los ingresos de los trabajadores en toda Europa alcanzaron su máximo durante el siglo XIV, ya que la plaga provocó una fuerte caída de la población, dejando una considerable brecha en la fuerza de trabajo necesaria. Sin embargo, a medida que la población se recuperaba, los salarios en todo el continente disminuyeron. Los trabajadores ingleses sufrieron el mismo destino. Sin embargo, durante el siglo XVII, esto cambió. Debido a la creciente urbanización, el aumento de la producción manufacturera y el éxito del creciente dominio comercial británico, los salarios de Inglaterra empezaron a subir de nuevo. Al principio, esto se centró en Londres, luego en otros puertos vitales, antes de extenderse al resto del país. A diferencia de lo que ocurrió durante la peste negra, el aumento de los ingresos en el siglo XVII fue causado por la creciente demanda de mano de obra, lo que hizo que el crecimiento fuera económicamente más saludable y sostenible. Es importante señalar que los salarios mencionados aquí no se miden en moneda, ya que son propensos a la inflación y a los cambios de valor, lo que los hace algo más arbitrarios los cálculos. La base utilizada aquí es el llamado salario real, que se mide en la cantidad de alimentos y productos básicos que se podrían comprar con el salario de un trabajador.

Hasta finales del siglo XVI y principios del XVII, los trabajadores británicos tenían un poder adquisitivo similar al del resto de Europa e incluso al de otras naciones relativamente desarrolladas. Por ejemplo, a principios de siglo, los trabajadores de Londres y Florencia podían mantener a dos personas durante un año con sus ingresos anuales. Al mismo tiempo, los trabajadores de Viena, Delhi y Beijing podían alimentar a aproximadamente 1,5 personas, mientras que, en la comercialmente bulliciosa Ámsterdam, el salario era lo suficientemente alto como para alimentar a más de 2,5 personas. A principios del siglo siguiente, hubo un claro cambio en el poder adquisitivo de los trabajadores. Los londinenses podían mantener a más de tres personas con un solo salario, mientras que el resto del mundo vio una caída en los salarios reales. Florencia y Delhi estaban por debajo de 1,5, mientras que los trabajadores de Viena y Beijing apenas podían alimentarse. Ámsterdam también se acercaba a la cuota de unas tres personas por salario. Sin embargo, los salarios holandeses se estancaron e incluso comenzaron a mostrar signos de disminución. Esta disparidad solo aumentó cuando Inglaterra finalmente entró en la Revolución Industrial. Las razones por las que los altos salarios eran importantes son numerosas. Un mayor ingreso significaba más comida, lo que llevaba a una vida más saludable y larga, permitiendo el crecimiento continuo de la población. Simultáneamente, con más dinero, los trabajadores podían ampliar su educación y sus habilidades laborales, lo que solo condujo a mayores avances en la economía y la sociedad en general.

Por último, el último e incuestionablemente más crucial efecto de los salarios más altos fue el nacimiento del consumismo. Con el exceso de ingresos a su disposición, los trabajadores británicos pudieron gastar más dinero en productos no necesarios, como alimentos más caros y nutritivos, mejor ropa, pinturas y diversos productos manufacturados. A su vez, esto condujo a un aumento de la demanda de varios productos, creando la necesidad de más trabajadores para producir los bienes. Así, el pico de consumo comenzó a añadir más combustible a la economía, abriendo más puestos de trabajo para la fuerza de trabajo en expansión, lo que permitió que los salarios se mantuvieran altos debido a la creciente necesidad de mano de obra. Además, esto permitió el continuo crecimiento de la economía y la demografía. Sin embargo, hay que señalar que esto no significa que los trabajadores británicos fueran ricos. Comparados con los estándares modernos, seguían siendo bastante pobres. Sus dietas eran en su mayoría monótonas y simples, y la ropa y otros productos que compraban eran baratos y de baja calidad. Sin embargo, cuando se comparan con otros trabajadores en todo el mundo, los trabajadores británicos vivían significativamente mejor en general. Al final, debido al importante impacto en la economía, basta decir que los altos salarios en la Gran Bretaña preindustrial fueron otra pieza esencial del rompecabezas que es la Revolución Industrial.

Hasta ahora, todos los aspectos enumerados que constituyen este enigma no eran únicos para Gran Bretaña, aunque algunos de ellos se acentuaban más allí. La pregunta que persiste es: ¿por qué la Revolución Industrial no comenzó en otro lugar? La respuesta se encuentra en un factor crucial del que carecían los Países Bajos: la disponibilidad y el uso del carbón. Por supuesto, el carbón fue extraído y utilizado durante siglos antes de la Revolución Industrial. Sin embargo, como la madera era más barata y más limpia de usar, el consumo de carbón se mantuvo relativamente bajo. Cuando Londres comenzó a expandirse durante el siglo XVI, el precio de la madera comenzó a subir, ya que los alrededores inmediatos de la ciudad no podían suministrar lo suficiente para satisfacer la demanda. El transporte desde fuentes más lejanas y la falta de disponibilidad hicieron subir lentamente los precios de la madera, lo que indujo a algunos londinenses a cambiar al carbón. Sin embargo, este fue un proceso lento, ya que los hogares necesitaban ser modificados y equipados con chimeneas y fogones, que sacaban los humos tóxicos liberados por la quema de carbón. A principios del siglo XVII, la demanda de carbón era lo suficientemente alta como para que su extracción fuera rentable. Durante los siguientes 100 años más o menos, la necesidad no hizo más que crecer, ya que el carbón se volvió dos veces más barato que la madera.

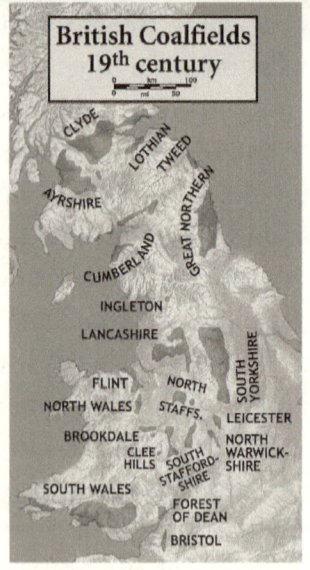

Canales ingleses de la actualidad cerca de Manchester (el top) y las minas de carbón británicas del siglo XIX (del fondo).
Fuente: https://commons.wikimedia.org

La razón principal del precio relativamente bajo del carbón era que Gran Bretaña tenía ricos yacimientos, algunos de ellos bastante poco profundos. Por lo tanto, estaba disponible en cantidades suficientes, y su extracción seguía siendo algo fácil y barato. Además, el carbón británico era de alta calidad, lo que aumentaba su valor. En contraste con esto, los holandeses carecían de sus propias fuentes de carbón, lo que significaba que tenían que importarlo. La situación geopolítica les hacía poco rentable cambiar al carbón como fuente primaria de energía cuando se enfrentaban al mismo aumento de la escasez y del coste de la madera. A diferencia de los británicos, recurrieron a la turbina como fuente de energía, que resultó ser mucho menos eficaz que el carbón. Así, Gran Bretaña siguió siendo la única nación que dependía del carbón como fuente primaria de energía barata, que, a diferencia del viento o el agua, no dependía del clima para su eficiencia. Parece que el carbón demostró ser un combustible crucial para el nacimiento y el éxito de la Revolución Industrial. Los historiadores economistas modernos crearon simulaciones y cálculos que muestran que, sin el carbón, la economía británica habría llegado a una crisis, y señalan al carbón como el aspecto más esencial de la Revolución Industrial Británica. Incluso si estos cálculos y modelos están equivocados, una simple comparación con otras economías en todo el mundo muestra el mismo panorama.

Sin embargo, sería un error señalar la disponibilidad y el uso del carbón como la única razón por la que la Revolución Industrial comenzó en la Gran Bretaña del siglo XVIII. Durante decenios, los historiadores han discutido acerca de cuáles de los factores mencionados eran más críticos, así como sobre la cuestión de la causalidad y la correlación entre ellos. La verdad es que Gran Bretaña tuvo la suerte de lograr una tormenta perfecta en su economía, ya que todos los factores mencionados influyeron entre sí, empujando la economía hasta que estalló la Revolución Industrial.

Capítulo 2 – Los Motores Británicos Comienzan a Rodar

A principios del siglo XVIII, Gran Bretaña era un suelo fértil, simplemente esperando ser sembrado con las semillas de la industria. Tenía todos los requisitos para dar un salto cualitativo y cuantitativo en los medios de producción, lo que impulsaría a la economía británica y mundial a nuevas alturas que habrían sido inimaginables para las generaciones anteriores. A pesar de ello, la industrialización no fue un proceso fácil ni rápido.

A medida que el consumo y la demanda de carbón aumentaba a finales del siglo XVII, la tecnología minera comenzó a avanzar. Uno de los avances más significativos fue la introducción de las bombas de cadena, que eran accionadas por ruedas hidráulicas y se utilizaban para drenar los pozos de la minería. Estas bombas no fueron un invento novedoso, ya que se han utilizado en todo el mundo desde la antigüedad. Sin embargo, permitieron que las minas fueran más profundas y extrajeran más carbón, aumentando la eficiencia de la producción. Desafortunadamente, el hecho de que su principal fuente de energía era un cuerpo de agua que fluía significaba que no era fiable. En las estaciones secas, podía disminuir la velocidad o detenerse completamente. También significaba que, si una mina estaba demasiado lejos de un río o un arroyo adecuado, la bomba de cadena era inutilizable. Un gran avance se produjo alrededor de 1712 cuando Thomas Newcomen diseñó y construyó el primer motor de vapor completamente funcional. Antes de eso, otros ingenieros e inventores como Thomas Savery y Denis Papen trabajaron en inventos impulsados por vapor, pero la mayoría de ellos eran teóricos o simples pequeños dispositivos novedosos. Savery fue el que más se acercó, ya que diseñó el llamado "Amigo del Minero", una bomba que drenaba agua usando un vacío creado por el vapor. Sin embargo, era algo poco práctico, ya que la altura máxima de bombeo era más bien superficial: nueve metros. Al mismo tiempo, también había un alto riesgo de explosión de la caldera. Newcomen eludió esto usando la idea de Papen del pistón móvil, permitiéndole crear la primera máquina de vapor en funcionamiento con partes móviles.

El diseño de Newcomen era notablemente simple, pero, para ese entonces, increíblemente innovador. El agua se calentaba primero en la caldera, y luego se liberaba en un cilindro con un pistón. El pistón estaba conectado con un eje, llamado "Gran Viga Equilibrada", que estaba ligeramente desequilibrado, manteniendo el pistón en posición ascendente. Así, el vapor no se usaba para empujar el pistón hacia arriba. En cambio, el vapor se utilizaba para crear un vacío en el cilindro inyectando pequeñas cantidades de agua en él, condensando el vapor y dejando un espacio vacío. Con la menor presión de aire en la cámara, el pistón se hundía, elevando la viga. A medida que se liberaba el vacío, el pistón volvía a subir, permitiendo que el proceso se reiniciara. Este tipo de máquina de vapor fue más tarde llamada la máquina de baja presión o atmosférica. El núcleo de este motor se conectaba entonces a través de una viga a una bomba, que utilizaba el movimiento de balanceo del fulcro para extraer agua. Era un diseño bastante revolucionario; sin embargo, también tenía profundas fallas. Era bastante ineficiente, requiriendo enormes cantidades de carbón para funcionar. Eso lo hacía viable solo en las minas que no tenían acceso a agua corriente para alimentar sus bombas. Newcomen intentó mejorarlo, y durante los dos años siguientes, se las arregló para implementar pequeñas innovaciones, pero nunca logró ningún avance significativo.

Por esa razón, la mayoría de los historiadores no toman su significativa innovación de 1712 como la fecha de inicio de la Revolución Industrial. Fue un paso importante hacia ella, pero no fue lo suficientemente extendido. Sin embargo, exhibió la mezcla característica de ciencia, tecnología y ganancias que impulsaría la revolución venidera. Newcomen utilizó los avances científicos en el campo de la física de la presión atmosférica y el peso para generar ingresos para sí mismo. Era un patrón que se seguiría a lo largo de la Revolución Industrial. El irónico giro del destino fue el hecho de que Savery fue capaz de ampliar su patente existente para abarcar también la máquina de vapor de Newcomen, haciendo bastante difícil que Newcomen ganara dinero con su invento. No obstante, en el decenio de 1730 había alrededor de 100 bombas de vapor de baja presión en las minas británicas, y su número siguió aumentando. A este aumento contribuyó el hecho de que el consumo y la explotación de carbón siguieron creciendo, mientras que varios mecánicos e ingenieros de toda Inglaterra siguieron afinando el motor. A finales de la década de 1760, el motor de Newcomen era aproximadamente un tercio más eficiente, pasando de unas 45 libras (20 kilogramos) de carbón por caballo de fuerza-hora a unas 30 libras (13 kilogramos).

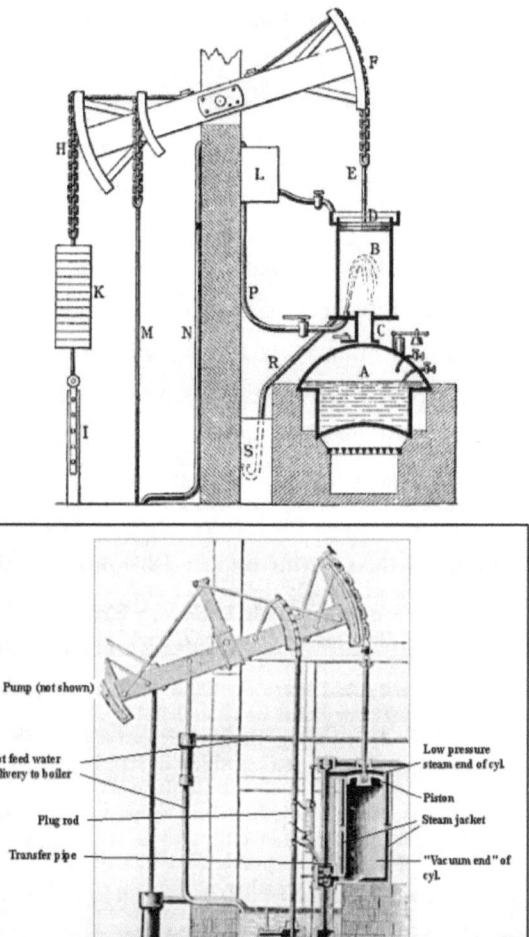

El diseño de la máquina de vapor de Newcomen (el top) y Watt. Fuente: https://commons.wikimedia.org

En ese momento, dos ingenieros lograron crear el siguiente paso vital para el avance de la máquina de vapor de Newcomen, y cada uno de ellos mostró diferentes enfoques en cuanto a los avances tecnológicos. Uno de ellos fue John Smeaton, que utilizó los datos de un gran número de motores de vapor en funcionamiento cuyos propietarios mantenían en secreto. A través de la experimentación y el análisis de esa información, logró afinar el diseño de Newcomen. Smeaton logró por sí solo reducir el consumo de carbón de 30 a cerca de 17 libras (7 kilogramos) por caballo de fuerza-hora. Su trabajo se basó en el conocimiento compartido, y a su vez, no patentó sus mejoras, eligiendo ganar su dinero a través de una cuota de consultoría.

En el otro extremo de la escala se encontraba el famoso James Watt, un ingeniero y científico escocés que, a mediados de la década de 1760, comenzó a trabajar en la mejora del diseño existente. A diferencia de Smeaton, su enfoque era más científico, combinando la teoría con la experimentación. Le permitió deducir que el modelo de Newcomen perdía una cantidad sustancial de energía cuando el cilindro se enfriaba para crear un vacío. La solución de Watt para esto fue crear una cámara de condensación separada unida al cilindro a través de una válvula. Esto permitió que el diseño de Watt redujera la energía necesaria eliminando la necesidad de recalentar el cilindro, ya que permanecía caliente, mientras que la cámara de condensación se mantenía fría. Para fomentar esta conservación de energía, Watt también encajó el cilindro con una carcasa llena de vapor, conocida como la camisa de vapor, reduciendo la pérdida de temperatura.

El resultado de la innovación de Watt, que patentó por primera vez en 1769, fue asombroso. En 1776, cuando él y su socio comercial comenzaron a construir motores de vapor funcionales, su máquina consumía entre ocho y nueve libras de carbón por caballo de fuerza-hora. Su diseño era dos veces más eficiente que el de Smeaton. Sin embargo, a diferencia de Smeaton, quien diseminó sus conocimientos e ideas, Watt impidió que se hicieran más mejoras. Hizo cumplir rigurosamente su patente para mantener sus ingresos lo más altos posible, prohibiendo a varios ingenieros implementar sus propias ideas en su diseño. A pesar de ello, y gracias al uso generalizado de las máquinas de vapor, que ya no se limitaban únicamente a las minas de carbón debido al aumento de su eficiencia, muchos historiadores tienden a utilizar 1769 ó 1776 como fecha de inicio de la Revolución Industrial. La energía del vapor se estaba convirtiendo en una fuente de energía cada vez más importante que ayudó a impulsar el crecimiento de la economía británica. Cabe señalar que, para entonces, otras naciones europeas como Bélgica, Francia, Suecia, Austria y Alemania también habían construido motores de vapor. Sin embargo, la gran mayoría de ellos todavía estaban ubicados en Gran Bretaña, limitando efectivamente el alcance de la revolución únicamente a las islas británicas.

A pesar de la creciente eficiencia de la máquina de vapor, todavía carecía de versatilidad. Debido al movimiento oscilante irregular del eje, ni el diseño de Watt ni el de Newcomen podían mantener el tipo de potencia constante y regular que se necesitaba para operaciones más delicadas. Esto significaba que era utilizable para bombear agua, pero no para otras industrias como molinos o grandes hornos. En contraste con eso, las ruedas hidráulicas eran capaces de crear una fuente de energía constante siempre que hubiera suficiente flujo. Una de las soluciones para eso era usar la máquina de vapor en combinación con una rueda hidráulica. En estos sistemas híbridos, la máquina de vapor bombeaba el agua que ya había pasado por la noria a un depósito situado río arriba, permitiendo que la misma masa de agua vuelva a impulsar la rueda. De esta forma, la fiabilidad de la rueda hidráulica ya no se veía afectada por las estaciones secas, y la máquina de vapor no funcionaba durante la estación húmeda, lo que reducía el costo de producción. Sin embargo, esta era solo una solución parcial. Varios ingenieros abordaron el problema, pero fue Watt quien una vez más logró encontrar una solución.

Primero, puso válvulas a ambos lados del cilindro para que el vapor pudiera ser inyectado y ventilado alternativamente en ambos extremos, creando un motor de doble acción. Luego reemplazó las cadenas que conectaban el pistón con la viga con un sistema de varillas que podía tanto empujar como tirar del eje. Finalmente, añadió los llamados engranajes "sol y planeta", que harían girar el eje de transmisión, proporcionando energía rotativa. Para estabilizar y regular aún más la velocidad del motor, Watt también instaló un regulador centrífugo, que antes se utilizaba en los molinos de viento.

Controlaba las válvulas, haciendo que la inyección de vapor fuera más precisa. La doble acción del nuevo diseño de Watt logró producir más potencia por tamaño de cilindro que antes, pero también disminuyó la eficiencia. Usaba hasta 15 libras de carbón por caballo de fuerza-hora. Sin embargo, la nueva versión del motor era más que capaz de alimentar varias máquinas. Así, a mediados de la década de 1780, el motor de vapor rotativo de doble acción de Watt comenzó a extender la potencia del vapor a otras ramas de la industria. Así, a mediados de la década de 1780, la máquina de vapor rotativa de doble acción de Watt comenzó a extender la potencia del vapor a otras ramas de la industria. Curiosamente, Watt se negó inicialmente a abordar la cuestión, pero su socio comercial e inversor le convenció de que los molinos podían convertirse en un importante mercado para sus máquinas.

La mejora de la máquina de vapor se produjo después de 1800, cuando expiraron las patentes de Watt. Retiró a sus ingenieros de los negocios donde había colaborado antes si se negaban a pagar por su experiencia y conocimientos. Eso dejó a muchos negocios sin una guía experta. Entre ellos estaban numerosas minas de estaño y cobre en Cornualles. El aumento del consumo de carbón les costó más, ya que tuvieron que transportarlo desde el sur de Gales. En lugar de pagar a Watt por la asistencia, los gerentes de las minas y los ingenieros se unieron para mejorar sus motores. Mediante el intercambio de datos y los detalles de sus motores, comenzaron a mejorar sus diseños por su cuenta, reduciendo su consumo de alrededor de 10 libras de carbón por caballo de fuerza-hora en la década de 1790 a un promedio de 3,5 libras en la década de 1830, con algunos de los motores mejor ajustados llegando a menos de 2 libras. El primer paso ocurrió en 1800 cuando el inventor e ingeniero de minas de Cornualles, Richard Trevithick, construyó el primer motor de vapor de alta presión en funcionamiento. A diferencia de los diseños de baja presión, las máquinas de alta presión usaban la fuerza expansiva del vapor para empujar el pistón. Esta no era una idea novedosa. El propio Watt lo mencionó en sus patentes, y hasta

1800, prohibió a cualquiera construir tales motores. Fuera de Gran Bretaña, otros ingenieros se interesaron por esta tecnología, pero sus creaciones no fueron efectivas ni generalizadas.

Pinturas de James Watt (el top) y Richard Trevithick (del fondo).
Fuente: https://commons.wikimedia.org

Sin embargo, el diseño de Trevithick demostró ser efectivo, y rápidamente comenzó a difundirse. Su principal ventaja era que, si se usaba de forma conservadora, podía reducir sustancialmente el consumo de carbón. Además, proporcionaba más potencia por tamaño de cilindro, aunque al funcionar con la máxima producción de energía aumentaba significativamente el consumo de carbón. Esto hizo posible reducir el tamaño de la máquina de vapor para utilizarla en otras ramas de la industria, sobre todo en el transporte. El propio Trevithick diseñó en 1801 una locomotora de vapor de tamaño natural para carreteras, uno de los primeros ejemplos de vehículos propulsados por vapor. Más tarde, basándose en sus ideas y diseño, otros inventores de Cornualles mejoraron la máquina de vapor de alta presión. Uno de los avances más notables fue la mejora de las válvulas de control, que permitió un control más preciso del vapor durante la expansión, maximizando la energía que podía convertirse en energía mecánica.

Finalmente, Arthur Woolf añadió la idea de la composición al diseño. Esencialmente, conectó varios cilindros que usaban el mismo vapor. Primero se expandiría en el cilindro de alta presión, y luego se venteaba en el subsiguiente cilindro de media presión. Allí, el vapor se expandía una vez más, con menos calor y energía, antes de ser enviado a un cilindro de baja presión que utilizaba el antiguo sistema de condensación y vacío para extraer los últimos trozos de energía del vapor. Al usar este diseño, se perdería menos calor, aumentando la eficiencia y la potencia del motor. Al mismo tiempo, el impulso de giro se hizo más equilibrado y uniforme, haciéndolo más adecuado para su uso en la delicada maquinaria.

Con estas mejoras finales, la máquina de vapor se extendió rápidamente por toda la industria británica. Esto puede verse en el hecho de que, en 1800, el agua seguía siendo la principal fuente estacionaria de energía en Gran Bretaña, aunque el vapor se utilizaba más que el viento. Para 1830, el vapor y el agua tenían una participación igualitaria en la producción de energía, mientras que el número de fuentes estacionarias en general se duplicó. A partir de la década de 1830, el vapor se convirtió en la fuente de energía más utilizada en Gran Bretaña, llegando al 90% de las fuentes de energía estacionarias en la década de 1870. Esta explosión de la energía de vapor se debió a su mayor fiabilidad, eficiencia y facilidad de uso de los nuevos diseños. Además, la máquina de vapor estaba ganando rápidamente popularidad entre los medios de transporte, sobre todo en los barcos de vapor y las locomotoras de vapor. Con ella, el transporte se hizo más fiable y rápido. Al principio, estas máquinas se utilizaron en rutas locales cortas, pero rápidamente comenzaron a expandirse al tráfico transnacional, transportando tanto personas como carga. Otro aspecto de la difusión de la energía del vapor fue su creciente internacionalización. Con el aumento de la eficiencia, los motores de vapor ya no eran rentables solo en Gran Bretaña. Otras naciones como Francia, Bélgica, Alemania y los Estados Unidos comenzaron a adaptar el uso de ellas, aunque todavía estaban lejos de alcanzar el nivel de uso del vapor de Gran Bretaña. No obstante, con ello, la Revolución Industrial se estaba convirtiendo lentamente en un acontecimiento mundial, que no se limitaba únicamente a Gran Bretaña. Sin embargo, vale la pena señalar que no fue hasta la segunda mitad del siglo XIX que el uso del vapor realmente comenzó a explotar fuera de Gran Bretaña.

No se puede negar que el vapor jugó un papel crucial en la Revolución Industrial. Sin embargo, fue solo un componente. Si el vapor era el combustible que impulsaba el cambio, la industria textil era el motor que lo impulsaba. Sin embargo, sus comienzos fueron bastante modestos. En la Inglaterra medieval, todo el proceso de producción se realizaba a mano en casa, generalmente con la participación de toda la familia. Como otras ramas de la industria, se basó en la manufactura, usando principalmente lana y lino como materia prima. Inglaterra no era muy diferente a otros países, ya que se utilizaban técnicas similares en todo el mundo. En cuanto al alcance de la producción, la industria textil británica estaba entre los mayores productores de Europa. Sin embargo, estaba muy por detrás de la India mogol, más concretamente de la región de Bengala, que constituía alrededor del 25 por ciento de la producción textil de todo el mundo. A diferencia de Europa, la India y el resto del sudeste asiático utilizaban el algodón y la seda como sus principales materias primas textiles, lo que hacía que sus productos fueran más finos y deseables. Sin embargo, hasta los descubrimientos geográficos europeos y el aumento del comercio mundial, estos productos textiles asiáticos eran escasos y se limitaban únicamente a las clases dirigentes. Sin embargo, con el crecimiento de la Compañía Británica de las Indias Orientales, la seda y un algodón más asequible empezaron a impregnar la sociedad británica. A finales del siglo XVII, el algodón se convirtió en el material textil más deseable en Inglaterra, al igual que en el resto de Europa.

Debido a ello, el algodón en bruto, así como los productos de algodón, se convirtieron en los artículos más importados en Gran Bretaña, haciendo de la India mogol la fuente de la mayoría de las importaciones británicas procedentes de Asia. A principios del siglo XVIII, las importaciones de algodón y las locuras por la moda empezaron a perjudicar a los productores nacionales de textiles de lana y lino. Pidieron a su gobierno que los protegiera, ya que empezaron a perder negocios y dinero. La administración británica respondió, aprobando dos leyes gubernamentales en 1700 y 1721 que prohibían la importación y la venta de la mayoría de los productos de algodón acabados. Estas leyes ayudaron a la industria textil tradicional a corto plazo; sin embargo, con el aumento del ingreso promedio en la sociedad británica, hubo una demanda cada vez mayor de algodón. El resultado involuntario de dichas leyes fue la creación de una industria algodonera de renombre en Gran Bretaña, que intentaba satisfacer el creciente mercado. Aprovechando el hecho de que la importación de algodón en bruto no se veía obstaculizada por la legislatura, estaba naciendo una nueva rama de la industria. Sin embargo, al carecer de la habilidad y la especialidad de los trabajadores textiles de la India, el algodón británico era más tosco y de menor calidad. En el mercado abierto, no podía competir con los productos asiáticos. No obstante, seguía siendo rentable, lo que impulsó a ingenieros y empresarios a intentar mejorar la producción en busca de mayores beneficios.

Para competir con la industria algodonera bengalí, los británicos necesitaban economizar su mano de obra. Como no podían emplear a más gente, la única solución factible era la mecanización. El primer paso hacia esto fue el transbordador volador. Diseñado y patentado por John Kay en 1734, mejoró el proceso de tejido, permitiendo que un solo trabajador trabajara en el telar. La idea básica era que la lanzadera se deslizara sobre la tabla de tejer con la ayuda de mecanismos a ambos lados que la impulsaran. Antes de eso, debido al lanzamiento y captura de la lanzadera, los telares requerían varios operarios si el ancho del tejido superaba el promedio del alcance humano. El transbordador volador automatizó parcialmente el proceso de tejido, haciéndolo más rápido y permitiendo la fabricación de un tejido más amplio. Sin embargo, los trabajadores textiles, que temían perder sus empleos por las máquinas, retrasaron la puesta en práctica de este nuevo invento. A pesar de ello, el aumento de la eficiencia del tejido no hizo más que poner de relieve el principal problema al que se enfrentaba la industria textil. El tejido ya era más rápido y fácil que el hilado, un proceso en el que las fibras se estiraban y retorcían juntas para crear un hilo. Se necesitaban alrededor de cuatro hilanderos para suministrar a un tejedor cantidades suficientes de hilo si se utilizaban los métodos de tejido tradicionales. La demanda solo se incrementó con la llegada del transbordador aéreo.

El primero en abordar este tema fue un inventor de ascendencia hugonota llamado Lewis Paul. Primero, patentó una máquina de hilar con rodillos en 1738. Utilizaba dos juegos de rodillos que giraban a diferentes velocidades, permitiendo que el hilo se hilara más rápido y de forma más eficiente. Luego trabajó en la construcción de una máquina de cardar a mano, mejorando el proceso de limpieza, desenredando y entremezclando las fibras para mejorar aún más la eficiencia de la producción de materias primas para el tejido. Hacia 1748, Paul patentó la primera máquina de cardar funcional, que utilizaba una capa de alambre que se colocaba alrededor de una tarjeta, un implemento dentado utilizado para desenredar las fibras, que luego se envolvía alrededor de un cilindro giratorio. Sin embargo, los inventos de Paul tardaron en ser implementados y aún no eran lo suficientemente eficientes. También cabe destacar que los tres diseños mencionados también eran aplicables y, de hecho, se utilizaban en otras ramas de la industria textil. Sin embargo, están más estrechamente asociados con la industria del algodón, ya que fueron el primer paso en la plena industrialización de su producción. A finales del decenio de 1750, la demanda de algodón creció aún más, ya que la Compañía Británica de las Indias Orientales tuvo problemas para mantener un suministro constante de este producto, mientras que, entretanto, crecieron los mercados locales y europeos.

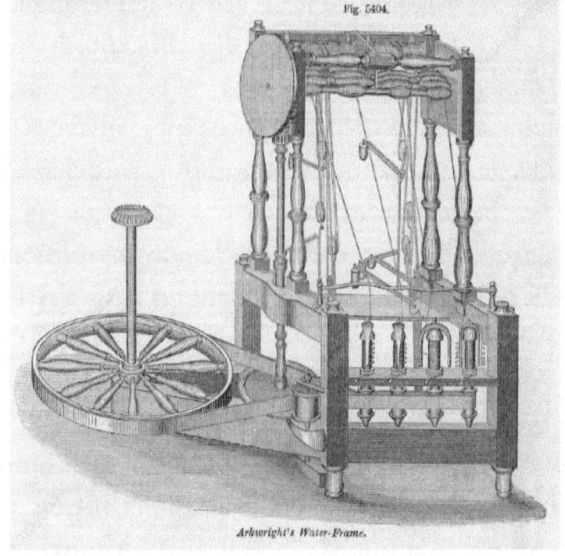

La jenny giratoria de Hargreaves (el top) y el bastidor de agua de Arkwright (del fondo). Fuente: https://commons.wikimedia.org

El gran avance en la producción de algodón llegó finalmente en 1764 cuando James Hargreaves inventó la ahora famosa hiladora Jenny. Según las historias que se cuentan mucho después, su inspiración para ello vino cuando vio una rueca derribada que seguía girando de lado. Hargreaves se dio cuenta de que varios hilos podían ser hilados a la vez por una sola rueda si los husos se colocaban en posición vertical y uno al lado del otro. Durante los dos años siguientes, Hargreaves continuó mejorando su diseño mientras era constantemente acosado y obstruido por multitudes enfurecidas que destruían sus máquinas en varias ocasiones, ya que muchos de los trabajadores temían que las máquinas les quitaran el trabajo. Sin embargo, comenzó a vender la jenny de hilar, y en 1770, finalmente adquirió una patente para ella. A pesar de ello, Hargreaves tuvo problemas para hacer cumplir su patente, ya que había vendido varias máquinas antes de ella, y muchos de los fabricantes de textiles también evitaron comprársela, ya que consideraban que sus precios eran demasiado altos. No obstante, el uso de la jenny de hilar explotó en toda Gran Bretaña; a finales de la década de 1780, había más de 20.000 en uso. La máquina en sí era bastante sencilla y fácil de construir, pero su principal problema era el hecho de que solo podía producir hilo de baja calidad.

Casi simultáneamente con Hargreaves, otro inventor y empresario abordó el tema de la hilatura. Su nombre era Richard Arkwright, y hoy en día, se le recuerda principalmente como el inventor del bastidor de agua, que patentó en 1769. Fue básicamente la versión mejorada de la máquina de hilar de Paul, en la que Arkwright utilizó tres rodillos para estirar y adelgazar la fibra de algodón antes de que fueran entrelazados por volantes que giraban alrededor de la parte inferior del marco, enrollándolo simultáneamente en el huso. Su diseño era mucho más sofisticado, pero el avance más importante que hizo fue el hecho de que eligió impulsarlo a través de una rueda hidráulica. Esto permitió que el algodón fuera hilado con mucha más fuerza, reduciendo la necesidad de mano de obra humana. Esto aceleró el proceso de hilado, y también permitió la producción de hilos de algodón mucho más delgados y finos. Sin embargo, a diferencia de la jenny de hilado de Hargreaves, el bastidor de agua solo podía hilar un hilo a la vez. También era una máquina mucho más complicada que no podía ser alojada en los hogares. Otra diferencia significativa entre los dos inventos fue el hecho de que Arkwright no tuvo ninguna idea nueva, sino que simplemente combinó las existentes que habían sido usadas en otras industrias y las perfeccionó con la ayuda de un relojero para afinar el diseño. A diferencia de Arkwright, Hargreaves usó su propia inventiva y capacidad de construcción para crear su máquina.

Sin embargo, mientras que Hargreaves no pudo mejorar la fabricación textil, Arkwright logró mejorar la máquina de cardar de Paul. Una vez más, incorporó las ideas y diseños de otros inventores, reduciendo aún más el tiempo y el costo de la hilatura. La principal contribución de Arkwright a este campo fue la implementación de la llamada tecnología de "manivela y peine", que permitió una mayor duración de la rodadura continua en las máquinas de cardar. Obtuvo la patente de su máquina de cardar en 1775, pero fue retirada más tarde por considerarla poco original. A pesar de eso, Arkwright tuvo una última gran contribución a la industria textil. Con sus nuevas y grandes máquinas de agua, Arkwright se dio cuenta de que los sistemas de producción anteriores eran insuficientes. Su solución fue trasladar todos los procesos de producción a una sola unidad de fabricación en lugar de tenerlos separados por múltiples edificios diferentes que podían estar separados unos de otros. Su primer intento en esto llegó en 1771 cuando abrió el Molino Cromford. Empleaba a unos 200 trabajadores, para los cuales Arkwright amplió el poblado en el que estaba el molino para alojarlos. Para la época, era una idea revolucionaria, el lugar de nacimiento de una fábrica moderna. Por supuesto, no fue el primer molino de algodón que se abrió, ni el primer lugar de trabajo conjunto de varios trabajadores del mismo oficio, pero anunció algunos aspectos únicos.

En primer lugar, las máquinas de Arkwright necesitaban menos trabajadores cualificados, reduciendo el papel de los trabajadores cualificados e incluso no cualificados a engranajes simples y fácilmente reemplazables en el mecanismo de producción. También significaba que todos los trabajadores eran empleados a tiempo completo, que tenían que trabajar seis días a la semana, normalmente desde el amanecer hasta el anochecer. Además, aceleraba la producción de bienes, ya que el molino trabajaba tanto en el cardado como en el hilado del algodón. Resultó ser un paso en la dirección correcta, ya que, con el aumento de la eficiencia, el aumento de los ingresos también llegó. También proporcionó seguridad a los negocios de Arkwright, ya que todavía había multitudes furiosas empeñadas en destruir las máquinas que veían como una amenaza para sus trabajos.

Este modelo de negocio tuvo tanto éxito que para 1776, él y sus socios estaban construyendo un nuevo molino más grande en Cromford, mientras que otros empresarios y hombres de negocios empezaron a copiar la idea, creando sus propias fábricas. Así, Arkwright puede ser visto como el inventor del concepto de fábrica, aunque este título es a menudo discutido entre los estudiosos modernos. Sin embargo, fue un paso importante en la creación de una nueva clase social de trabajadores. Además, como tanto Hargreaves como Arkwright crearon sus máquinas de hilar durante la década de 1760, algunos estudiosos utilizan 1764 o 1769 como año de inicio de la Revolución Industrial, ya que sus inventos revolucionaron realmente la industria textil.

La pregunta que surge, como en el caso de la minería del carbón y el uso del vapor, es ¿por qué fue Gran Bretaña el lugar donde la industria textil pasó por esta fase revolucionaria? ¿Por qué no Francia, que tenía una industria textil del mismo tamaño que Gran Bretaña antes de este período, o, mejor aún, la India? La respuesta es, como con el vapor, la relación beneficio/costo. Tanto en Francia como en la India, se pagaba menos a los trabajadores, lo que hacía poco rentable para los productores invertir en máquinas caras que inicialmente no eran tan eficientes como la mano de obra humana. En Gran Bretaña, con el aumento de los salarios de los trabajadores, este tipo de inversión era más que rentable. Por supuesto, otras circunstancias adicionales, como el espíritu empresarial, la Revolución Científica, el apoyo del gobierno británico y el estado del comercio mundial también jugaron un papel. Sin embargo, la mayoría se redujo a la idea de la ganancia. Sin embargo, los inventos de Hargreaves y Arkwright fueron solo el comienzo de la revolución textil. En las siguientes décadas, otros ingenieros mejoraron sus diseños, haciendo sus máquinas más eficientes. Por ejemplo, la jenny de hilar pasó de los ocho hilos originales a ochenta e incorporó más husos al convertirse en una verdadera máquina de fábrica.

Samuel Crompton (el top) y su mula giratoria (del fondo). Fuente: https://commons.wikimedia.org

Más importante que eso fue el hecho de que Samuel Crompton, otro inventor británico, no solo mejoró sus máquinas, sino que las combinó en un dispositivo aún superior. Para 1779, había ideado y construido la mula de hilar, una máquina que combinaba partes del bastidor de agua y de la jenny de hilar. Crompton usaba los rodillos para estirar la fibra, aunque afirmaba que no conocía el bastidor de agua de Arkwright, mientras que el carro del huso se movía hacia adelante y hacia atrás para tirar del hilo. Luego se reunía en husos, similares a la jenny de hilado de Hargreaves. La combinación de ambos conceptos hizo que la máquina de Crompton fuera aún más eficiente que sus predecesoras, pero aún más importante, se las arregló para superar el problema de Arkwright con la calidad del hilo. Añadió rodillos adicionales mientras afinaba el tirón y el enrollado de la fibra de algodón, haciéndolo tan suave que se podía producir un hilo más fino y delgado. Debido a esto, la mula de hilar fue un éxito instantáneo en la industria, pero Crompton no pudo obtener la patente por falta de fondos. Así, otro inventor de la Revolución Industrial vio poco beneficio de sus ideas. No obstante, la eficacia del hilado de algodón aumentó rápidamente durante el decenio de 1780, lo que provocó el aumento de las importaciones de algodón en bruto y la apertura de más puestos de trabajo para los tejedores.

El siguiente paso en el desarrollo de la industria del algodón llegó a mediados de la década de 1780 cuando la máquina de vapor de Watt se volvió lo suficientemente eficiente y rentable como para usarla en la industria textil en lugar de las ruedas hidráulicas. El uso de la energía de vapor en la industria textil se vio probablemente facilitado por el hecho de que ambas se originaron en el norte de Inglaterra. La máquina de vapor dependía del norte rico en carbón para su desarrollo, mientras que la industria del algodón eligió esa región por su clima húmedo, que facilitaba el trabajo con el algodón. No pasó mucho tiempo antes de que la industria del algodón se extendiera por toda Gran Bretaña, ya que ahora ya no dependía de los ríos para su energía. En la década de 1790, Gran Bretaña finalmente fue capaz de desafiar directamente a Bengala, tanto en la cantidad como en la calidad de sus productos de algodón, apoderándose lentamente del mercado. Sin embargo, los británicos no habían terminado de innovar. A lo largo de los años, la mula de hilar disponible para el público se perfeccionó, mejorando la producción en un margen significativo. Sin embargo, el proceso de tejido siguió siendo en gran medida el mismo desde el decenio de 1730. Edmund Cartwright se dio cuenta de que había llegado el momento de mejorarlo y dio el primer paso en esa dirección en 1785 cuando creó y patentó el telar mecánico, un dispositivo de tejido mecanizado. Su diseño inicial no tenía valor, pero lo mejoró y patentó en 1789 con una nueva máquina. Era marginalmente mejor, pero aún así no era tan eficiente como un telar normal.

El problema principal era que el telar mecánico tenía que detenerse para revestir la urdimbre, el conjunto longitudinal de hilo que se extendía a través del telar para tejer. Además, muchos de los tejedores se oponían a su trabajo, quemando algunas de las fábricas que usaban la máquina. Cartwright trató de perfeccionar su diseño, pero no tuvo éxito. Sin embargo, varios otros inventores lograron resolver este problema y al mismo tiempo hacer el diseño más racional y eficiente, lo que hizo que el telar mecánico fuera una opción más viable a principios del siglo XIX. A pesar de ello, el telar mecánico siguió siendo relativamente poco rentable y no se utilizó hasta que Richard Roberts, un ingeniero galés, patentó su llamado telar Roberts en 1822. Con una formación en máquinas herramientas delicadas y precisas, como fresas y cepillos, fue capaz de idear un complejo telar de hierro fundido. Llevó algún tiempo desarrollarlo más, y el primero se construyó finalmente en 1830. Era fiable y preciso, haciendo que el telar mecánico fuera más valioso que el manual por primera vez. En este punto, el proceso de tejido estaba casi completamente automatizado, ya que la mayoría de los procesos eran automáticos. Sin embargo, tenía que ser detenido manualmente y recargado cuando las lanzaderas se vaciaban. Con este invento, Roberts volvió a hacer del hilado el cuello de botella de la industria textil.

El ingeniero galés era consciente de ello. Así, también trabajó en la creación de una mula automatizada. Roberts patentó el primer diseño de tal máquina en 1825 y una vez más en 1830. Al igual que su telar, era mayormente automático, aunque, en algunas partes de su funcionamiento, necesitaba un trabajador semicalificado para trabajar en él. No obstante, con los inventos de Roberts, la industria textil finalmente se mecanizó completamente y se impulsó con vapor, aumentando considerablemente su productividad y eficiencia y reduciendo al mismo tiempo la necesidad de trabajadores cualificados. Esto último causó una gran agitación social, pero el progreso fue, para entonces, imparable, ya que, en las décadas siguientes, otros ingenieros continuaron mejorando el diseño de Roberts. Otro efecto de la evolución de la industria del algodón fue que los precios del hilo y de los productos terminados cayeron, pero el mercado para ellos siguió expandiéndose. Además, otras ramas de la industria textil comenzaron a adoptar los inventos y las máquinas que originalmente utilizaban los fabricantes de algodón. También cabe señalar que a finales del siglo XVIII y principios del XIX, las tecnologías británicas de procesamiento del algodón comenzaron a difundirse por todo el mundo, sobre todo en los Estados Unidos. No obstante, Gran Bretaña siguió siendo el mayor productor y exportador de productos de algodón durante todo el siglo XIX.

Capítulo 3 – Los Engranajes de la Revolución

Cuando se habla de la Revolución Industrial, especialmente de su comienzo en el siglo XVIII, a menudo nos centramos únicamente en el desarrollo y el uso de la energía a vapor, así como en el auge y el ingenio de la industria del algodón. Uno podría llamarlos el combustible y el motor del cambio. Sin embargo, vale la pena prestar atención a algunas otras partes del motor, los engranajes menos glamorosos, pero aún importantes que le ayudaron a funcionar mejor.

Entre los engranajes y pernos más pequeños de la Revolución Industrial, se encuentra la industria del hierro. La metalurgia fue completamente revolucionada durante la Revolución Industrial, permitiendo un uso más extenso del hierro e incluso haciéndolo utilizable en proyectos de construcción a gran escala como los puentes. A diferencia de la industria del algodón y la energía de vapor, que fueron realmente productos del siglo XVIII, la industria del hierro tuvo un comienzo algo temprano. Según algunos estudiosos, incluso a finales del siglo XVI, la metalurgia británica se había organizado de una manera un tanto capitalista. Los obreros trabajaban para un empleador que les suministraba las materias primas y colocaba sus productos en el mercado. Trabajaban por un salario y, a diferencia de los trabajadores textiles, tenían un lugar de trabajo compartido. Esto era bastante cercano al sistema de fábricas ideado por Arkwright en la década de 1770. La transformación inicial de la industria del hierro se produjo durante el siglo XVI cuando, debido al aumento de los precios, algunas de las fábricas de hierro comenzaron a sustituir la madera por el carbón, al menos parcialmente. Sin embargo, esto causó otros problemas, ya que el carbón introdujo impurezas en el hierro fundido con él. Así, el uso del carbón tenía sus ineficiencias y limitaciones. Los primeros avances para resolver esto se hicieron cuando varios ingenieros ingleses tuvieron la idea de que el propio carbón podía ser procesado, de forma similar a cuando la madera se convertía en carbón.

A mediados del siglo XVI, después de algunos experimentos, el coque se hizo posible. Este era un carbón que pasaba por un proceso de destilación destructivo calentándolo en ausencia de aire. Este proceso lo limpió de varias impurezas que estaban atrapadas en él. Inicialmente se utilizó para calentar hogares, fabricar cerveza y otros usos que necesitaban un carbón inodoro. Para la segunda mitad del siglo, la industria del hierro comenzó a jugar con la idea de utilizar el coque para la fundición de hierro. Sin embargo, a pesar de ser mejor que el carbón, el coque todavía no era del todo económicamente viable para las fábricas de hierro. Esto cambió en 1709 cuando Abraham Darby I, un cuáquero inglés, logró que la fundición de coque fuera práctica y rentable. A diferencia de la mayoría de las otras innovaciones tecnológicas de la Revolución Industrial, el desarrollo de Darby no requirió casi ningún genio. De joven, había trabajado en una fábrica de malta, donde aprendió a hacer coque. En años posteriores, aprendió que el coque se utilizaba con poco éxito para la fundición, dándole tanto la idea de mejorarlo como la confianza de que se podía hacer. Para lograr esto, combinó el conocimiento y las técnicas utilizadas por otros en varios campos.

En primer lugar, se fijó en la metalurgia holandesa, que había empezado a utilizar técnicas de fundición de cobre. Intentó imitarlo con el hierro, viajando a Holanda y luego trayendo a los expertos holandeses de vuelta a Inglaterra. Sin embargo, fue su aprendiz inglés quien finalmente desarrolló la práctica de la fundición en 1707. Parte de esa técnica era hacer que el hierro se derritiera para su fundición en lugar de usar el hierro fundido en bruto que fluía del horno. Aquí, Darby una vez más puso en uso la técnica inventada y utilizada por otros. Usó un horno de reverbero. Una vez más, este tipo de horno se había utilizado durante décadas, aunque principalmente en la fundición de cobre y plomo. Su principal ventaja era el hecho de que el metal que se procesaba estaba aislado del propio combustible, haciendo que el hierro producido fuera aún más puro. La desventaja era que utilizaba más combustible para quemar, ya que la fusión se hacía a través del calentamiento indirecto del metal. Combinando esas técnicas con su propia experiencia en el uso del coque, Darby consiguió crear el primer proceso de fundición de coque funcional y viable. Sin embargo, era consciente de que poco de ello era de su propia invención, lo que le llevó a no patentar la fundición de coque como propia. Además, su éxito inicial fue algo limitado.

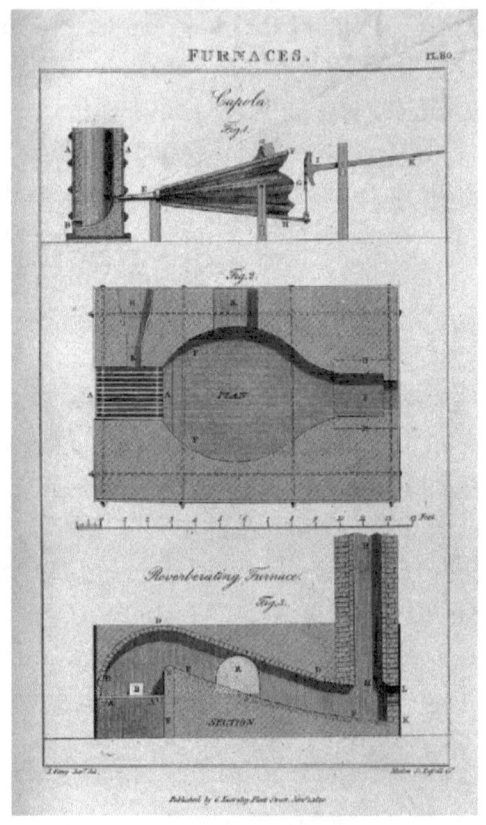

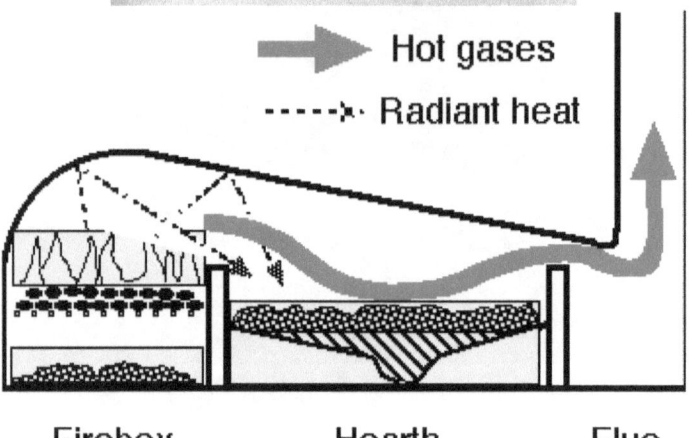

Plano del horno de reverbero (el top) y un diagrama que explica su funcionamiento (del fondo).
Fuente: https://commons.wikimedia.org

El horno de Darby era bastante ineficiente. Su horno principal era básicamente un horno de carbón que usaba coque, que era menos reactivo que el carbón. Así, mientras que un horno de carbón estándar era capaz de producir alrededor de 300 toneladas de hierro por año, el suyo alcanzaba las 150 toneladas. Como si eso no fuera suficiente, su coque de hierro era aún demasiado poco puro para ser usado para hacer hierro forjado. En su lugar, usó su técnica de hierro fundido para hacer fundiciones de paredes finas y ligeras, como ollas y sartenes, que podía vender por menos dinero y ganar más. Sin embargo, fue un paso necesario para lanzar la industria del hierro a la Revolución Industrial. Tras la muerte de Darby en 1717, sus sucesores continuaron mejorando su concepto. La primera mejora sustancial comenzó a cristalizarse cuando la compañía de Darby se expandió para producir piezas de hierro fundido para motores de vapor. Esto permitió un beneficio extra, pero también conectó la industria del hierro con la del vapor. Esto demostró ser importante, ya que los fuelles de los hornos eran accionados por ruedas hidráulicas que a veces ralentizaban la producción debido a las sequías. Así, en 1742, el horno de Darby usó la máquina de vapor de Newcomen para accionar una bomba que devolvía el agua al depósito. Con una potencia constante, los hornos podían trabajar a su máxima capacidad, aumentando la producción de unas 4,5 a 7,5 toneladas de hierro por semana. Más importante aún, con la mayor eficiencia de los hornos, el consumo de mineral en bruto disminuyó, haciendo que el hierro de coque finalmente tuviera un precio competitivo con el hierro de carbón.

El hijo de Darby, Abraham Darby II, y sus socios consiguieron duplicar la producción de hierro de coque a mediados de la década de 1750 cuando construyeron nuevos hornos más amplios. Su diseño era significativamente mejor, ya que los hornos tenían un volumen más significativo, pero también redujeron el consumo de carbón y mineral de hierro mientras disminuían la necesidad de mano de obra. A partir de ese momento, el hierro de coque era más barato que su competidor el carbón. No solo eso, sino que también era más rentable construir nuevos hornos de coque que convertir los viejos del carbón. Después de este punto, solo se construyeron hornos de coque, señalando la nueva era de la industria del hierro. Durante las siguientes décadas, varios ingenieros e inventores mejoraron la técnica de fundición de coque. Se hicieron dos grandes avances. El primero fue la mejora del suministro de aire al horno. Durante la década de 1760, la máquina de vapor fue adoptada como una máquina de soplado. En ellas, pistones accionados por vapor en un cilindro de aire, que empujaban el aire dentro del horno. Esto hizo que el proceso de fundición fuera más eficiente y permitió que los hornos se aumentaran en altura y produjeran más calor. La segunda mejora significativa se hizo en la pureza del hierro. Los metalúrgicos se dieron cuenta de que el azufre era una de las principales causas de las imperfecciones y que se podía eliminar si se añadía piedra caliza al horno. La adición de piedra caliza obligaría al azufre a entrar en la escoria, el producto sobrante del mineral fundido. Esta mejora se logró durante el decenio de 1770, cuando la mejora del soplado permitió alcanzar temperaturas más altas para lograrlo.

Estas mejoras hicieron que el hierro fundido fuera aún más barato y de mayor calidad, permitiendo finalmente su uso como material estructural. El ejemplo más famoso de esto es el Puente de Hierro, que fue hecho únicamente con hierro fundido. Fue erigido por Abraham Darby III en 1778. En los años siguientes, se centró en mejorar los procesos de refinamiento del hierro fundido, sobre todo con la invención del pudín y las operaciones de laminación en la década de 1780. La primera fue la técnica de remover el hierro fundido con varillas, haciendo el hierro menos quebradizo y más purificado, lo que permitía una producción de bajo costo de hierro maleable de alto grado. La segunda fue el uso de rodillos para crear barras y vigas de hierro uniformes. Esto hizo que la producción fuera más eficiente y a la vez ayudó con las propiedades mecánicas del hierro procesado. Posteriormente, se realizaron pequeñas mejoras de diseño en los hornos y los motores de soplado, pero el avance más importante en el proceso de fundición de coque se produjo en 1828 cuando James Beaumont Neilson patentó el alto horno. El inventor escocés se dio cuenta de que, soplando aire precalentado en el horno, su eficiencia aumentaría significativamente. Redujo el consumo de coque en un tercio, permitiendo además el uso de carbón crudo en el proceso de fundición. Además, el alto horno caliente alcanzaba temperaturas cada vez más altas, ya que fue mejorado posteriormente. Esto significó que la producción también aumentó.

El Puente de Hierro de hoy en día (el top) y una pintura del siglo XVIII de él (del fonto). Fuente: https://commons.wikimedia.org

El resultado final de ese siglo y medio de mejoras en la metalurgia fue que el horno de Darby fundió alrededor de 80 toneladas de hierro en 1709, mientras que para 1850, un horno promedio producía alrededor de 4.600 toneladas por año. La importancia de la industria del hierro radicaba en que su técnica era necesaria para producir piezas para otras ramas industriales. La mayor parte de las piezas de las máquinas de vapor se fabricaron con metal desde el principio, mientras que la industria del algodón lo adoptó como material de elección para sus máquinas cuando el metal se abarató radicalmente en los primeros años del siglo XIX. El hierro fue aún más importante cuando las máquinas de vapor se volvieron lo suficientemente eficientes para construir trenes y ferrocarriles. A su vez, la industria del hierro dependía del vapor para florecer plenamente, ya que sin las máquinas de vapor no habría alcanzado su eficiencia y la pureza del producto. A medida que avanzaba la Revolución Industrial, las piezas de metal comenzaron a sustituir a las de madera debido a su durabilidad y uniformidad. Así pues, la industria del hierro siguió siendo un sector importante, aunque no el principal, de la Revolución Industrial. La industria del hierro también facilitó el desarrollo de las herramientas mecánicas, que eran necesarias y utilizadas por diversas profesiones e industrias. Esas máquinas se utilizaron para fabricar piezas de precisión, como las utilizadas en las armas de fuego y para sujetar tornillos y pernos.

Antes de los avances de las maquinarias, las piezas de metal se hacían manualmente, utilizando martillos, raspadores y cinceles. Estos métodos eran costosos y de trabajo intensivo, y la precisión se lograba solo por los mejores maestros del oficio. Usando herramientas mecánicas, estos problemas fueron evitados. Las máquinas redujeron el precio y aumentaron la precisión. Entre estas herramientas, algunas de las más notables eran la mandrinadora, la cepilladora, el torno de roscar, la fresadora y la mortajadora, todas ellas ideadas y construidas a finales del siglo XVIII y principios del XIX. Gracias a las mejoras en la producción de estas herramientas, en las primeras décadas del siglo XIX se pudieron construir máquinas completamente de metal.

Estas máquinas eran capaces de producir en masa varias piezas intercambiables; sin embargo, en ese momento, había poca necesidad de piezas de metal producidas en masa. El único gran consumidor era la industria armamentística, ya que las armas de fuego dependían de ellas. Por lo tanto, los efectos de la maquinaria en la Revolución Industrial fueron algo limitados. Permitió el desarrollo y los avances de varias máquinas, incluidas las máquinas de vapor y las mulas de algodón, pero su efecto total llegaría en las últimas partes del siglo XIX con el nacimiento de la producción en serie masiva.

La industria química fue otra rama que se potenció durante la Revolución Industrial. Antes de la revolución, todos los productos químicos se producían en pequeñas cantidades y tenían un uso algo limitado, sobre todo en la agricultura y la manufactura. Sin embargo, con los avances tecnológicos y la acumulación de conocimientos, a mediados del siglo XVIII, la producción química se incrementó. John Roebuck dio el primer paso a finales de la década de 1740 cuando ideó el proceso de cámara de plomo para la producción de ácido sulfúrico. Sustituyó las cámaras de vidrio por plomo más robusto en el proceso de calentamiento del salitre, permitiendo que el azufre se oxidara y se combinara con el agua, lo que aumentó la producción. Ese fue un paso importante, ya que el ácido sulfúrico es uno de los productos químicos más versátiles y se utiliza en la producción de fertilizantes, la refinación de petróleo, el procesamiento de minerales y la síntesis química en la actualidad. Sin embargo, su uso inicial en la Revolución Industrial fue para decapar el hierro y blanquear la ropa, reemplazando la orina y la leche agria que se habían utilizado durante siglos. Otra mejora en este campo fue realizada por Charles Tennant, un químico y empresario escocés, que descubrió y patentó el polvo blanqueador en 1799. Se fabricó a partir de la reacción del cloro con cal seca apagada, que resultó ser bastante barata de fabricar y bastante efectiva para comenzar. Lanzó la industria química a la modernidad al tiempo que establecía el imperio empresarial de la empresa Tennant, ya que su producción pasó de 52 toneladas en 1799 a 10.000 toneladas apenas cinco años después.

Charles Tennant (el top) y Nicolas Leblanc (del fondo). Fuente: https://commons.wikimedia.org

Gracias al nuevo proceso de blanqueo, se eliminó otro punto de inflexión en la industria textil, permitiéndole florecer plenamente en el siglo XIX. Sin embargo, otras ramas industriales también dependían de los productos químicos para su producción. Uno de los productos químicos más notablemente utilizado fue la ceniza de soda o carbonato de sodio, que se utilizó en la producción de jabón, papel, vidrio y textiles. Desde la antigüedad, se había producido a partir de la quema de madera, pero a finales del siglo XVIII, esto ya no era económico debido a la deforestación. Un inventor francés llamado Nicolas Leblanc creó y patentó un proceso de dos pasos, ahora conocido como el proceso Leblanc, en 1791 para producir ceniza de soda a partir de sal marina y ácido sulfúrico. Su trabajo se hizo público durante la Revolución francesa, ya que los revolucionarios compartieron su secreto comercial. Esto impulsó a Leblanc a quitarse la vida, pero permitió a los británicos utilizar su técnica. En 1816, William Losh construyó la primera fábrica de soda en Gran Bretaña, y el proceso de Leblanc finalmente despegó. Fue uno de esos raros ejemplos durante la Revolución Industrial donde los británicos simplemente implementaron inventos de otros sin hacer ninguna contribución o desarrollo importante. Sin embargo, demostró ser un paso importante, ya que facilitó la producción de otros productos. El desarrollo de la producción en gran escala de carbonato de sodio y ácido sulfúrico resultó ser muy importante. Permitieron el desarrollo de varios otros inventos y productos químicos; también sustituyeron a numerosas operaciones en pequeña escala, permitiendo métodos de producción más controlables y económicos.

Otra industria que surgió de un humilde comienzo durante la Revolución Industrial en Gran Bretaña fue la alfarería. Antes del siglo XVIII, la cerámica europea era bastante básica. No se parecía en nada a la muy codiciada cerámica asiática, también conocida como porcelana, debido a que China era el mayor exportador del producto. Al igual que el algodón, la porcelana asiática se hizo muy popular, lo que llevó a varios artesanos europeos a intentar copiarla. Sin embargo, el secreto de la cerámica china siguió siendo un misterio hasta principios del siglo XVIII, que fue cuando la tecnología de la porcelana comenzó a extenderse por todo el continente. Los artesanos de toda Europa se apresuraron a producir porcelana más fina para conquistar el nuevo y próspero mercado. En Inglaterra, las primeras mejoras modestas se hicieron en 1671 cuando John Dwight patentó su esmalte salino para cerámica, consiguiendo que pareciera brillante y ligeramente translúcida. Sin embargo, esto todavía estaba muy lejos de la porcelana china de alta gama, ya que el esmalte salino se aplicaba a la cerámica amarillenta y marrón, lejos de la elegante vajilla blanca asiática. Hacia 1708, los alfareros alemanes descubrieron finalmente el secreto de duplicar esta cerámica, superando al resto del continente en la carrera y dejando atrás a la industria cerámica británica. No fue hasta el decenio de 1740 que el farmacéutico británico William Cookworthy descubrió cómo producir la porcelana de pasta dura, también conocida como verdadera porcelana, al menos en comparación con los anteriores intentos europeos de copiar la artesanía china.

En las dos décadas siguientes, los artesanos británicos desarrollaron rápidamente la técnica de la porcelana. Produjeron refinadas piezas de color crema, cubriendo su cuerpo pálido con un esmalte a base de plomo. La vajilla de color crema, como se conoció, se convirtió en el producto básico de la industria de la porcelana británica durante más de un siglo. Al mismo tiempo, también se desarrolló el proceso de doble cocción, en el que la cerámica se esmaltaba y se cocinaba, y luego se repintaba antes de esmaltarla y cocerla de nuevo. Esto protegía los dibujos de la mercancía y permitía el desarrollo posterior de lo que se conocía como perlas, en las que el cuerpo era ligeramente grisáceo y normalmente adornado con un esmalte de color azul hecho de cobalto. Las perlas se hicieron cada vez más populares a finales del siglo XVIII, ya que imitaban directamente la famosa porcelana china de Ming. Durante la década de 1750, los artesanos británicos desarrollaron la tecnología de la estampación por transferencia en la loza. Usando una placa de metal grabada, estamparon un diseño monocromático en papel. Luego, mientras la tinta aún estaba húmeda, se transfería a la mercancía. Esto reemplazó la antigua pintura a mano, reduciendo el costo del producto al disminuir la cantidad de mano de obra requerida para fabricarlo. Todo esto permitió que la industria de la cerámica comenzara a florecer desde la década de 1750 en adelante.

Esto se vio facilitado por el hecho de que se había descubierto en Inglaterra una arcilla para porcelana adecuada, mientras que el desarrollo de otras industrias permitió que los hornos británicos alcanzaran las altas temperaturas necesarias para la producción de porcelana fina. Antes de la Revolución Industrial, tales desarrollos parecían casi imposibles. Sin embargo, la explosión de la industria cerámica británica se encarna mejor a través de la labor y los logros de Josiah Wedgwood, un afamado alfarero y empresario. Empezó su carrera como un joven aprendiz, que más tarde se convirtió en socio, del más renombrado alfarero británico, Thomas Whieldon. Con él, Wedgwood aprendió los fundamentos del oficio, y luego, utilizando el método científico, realizó miles de experimentos para encontrar la mejor combinación de materiales y procesos para hacer porcelana. En su búsqueda de la perfección, Wedgewood inventó un pirómetro, un dispositivo de medición de la temperatura que se utiliza en los hornos para aumentar la precisión de la fabricación de cerámica. Wedgwood finalmente abrió su propio negocio de porcelana a finales de 1760. El taller de Wedgewood funcionaba de forma similar al sistema de fábricas, ya que la mano de obra se organizaba y dividía de forma eficiente, así como la fabricación artesanal tradicional, en la que los trabajadores tenían que desarrollar sus habilidades artesanales. En el proceso, utilizó todos los inventos posibles, incluyendo la pintura por transferencia y el torno rotativo, para acelerar y abaratar el proceso de producción.

Josiah Wedgwood (el top) y un ejemplo de su vajilla de cerámica (del fondo). Fuente: https://commons.wikimedia.org

Con ello, Wedgwood transformó la alfarería de una pequeña profesión casera de baja rentabilidad en una industria a gran escala totalmente desarrollada. Su lado científico experimental también se combinó con su espíritu emprendedor, ya que fue el primero en establecer el mercadeo moderno utilizando vendedores ambulantes, catálogos ilustrados, garantías de devolución de dinero, entregas gratuitas y más. Se hizo tan famoso que las familias reales de toda Europa compraron su cerámica. Al igual que su negocio, que se expandió y creció a lo largo de los años, la industria cerámica británica también creció, convirtiéndose en un importante exportador y principal productor de Europa, superando lentamente incluso a China. Su producción se hizo tan rápida y eficiente, gracias a la mecanización del proceso, que los artesanos asiáticos no pudieron competir con su cantidad y precio. Al igual que en muchas otras ramas de la industria, esta eficacia era plausible y rentable en Inglaterra, ya que, en ese momento, disponía de fuentes de energía baratas y de materias primas disponibles. Ni siquiera las naciones tradicionales productoras de porcelana como China podían competir con eso, ya que sus métodos de producción se centraban ante todo en la rentabilidad del consumo.

La industria de la construcción es otra rama que se modernizó durante la Revolución Industrial. Como se mencionó anteriormente, en las últimas décadas del siglo XVIII, el hierro se volvió barato y lo suficientemente fuerte como para ser usado como un nuevo material de construcción, permitiendo nuevas creaciones nunca antes vistas. Sin embargo, antes de que eso ocurriera, se reintrodujo otro material. El hormigón, un material compuesto de grava fina y gruesa fusionada con cemento licuado, fue descubierto por los antiguos romanos, pero ese conocimiento se perdió durante la Edad Media. A finales del siglo XVII, se habían fabricado algunos tipos primitivos en toda Europa, pero el primer paso hacia un uso más generalizado lo dio John Smeaton en la década de 1750. Creó una nueva variedad de hormigón utilizando cal hidráulica, con guijarros y ladrillos en polvo actuando como agregado. Era esencialmente el mismo hormigón que usaban los romanos. Fue un paso importante en la construcción, ya que el hormigón era un material de construcción más bien barato, fácilmente moldeable, más resistente y más duradero que la madera. Con el paso de las décadas, el hormigón se perfeccionó y su uso se hizo más común. Como resultado, la carrera para mejorar la técnica del hormigón se intensificó a medida que crecía su popularidad, y a principios del siglo XIX se fabricaron varios tipos nuevos.

Un tipo particular de hormigón destacó entre los demás. Este fue patentado en 1824 por Joseph Aspdin, un constructor británico. Se conoció más tarde como cemento Portland, ya que se parecía a la muy codiciada piedra de Portland. El revolucionario proceso de Aspdin incluía la compactación de una mezcla de arcilla y piedra caliza a altas temperaturas antes de molerla para obtener un polvo fino. Luego el polvo de cemento se mezclaba con agua, arena y grava para producir el primer tipo conocido de hormigón moderno. Cabe destacar que este hormigón era diferente al que usamos hoy en día, pero fue el primer paso hacia él. En años posteriores, el propio Aspdin mejoró el procedimiento inicial añadiendo silicatos de calcio, haciendo el nuevo hormigón más fiable y más duradero que antes. Otros después de él continuaron perfeccionándolo también. A mediados del siglo XIX, se convirtió en el material de construcción preferido. Incluso se utilizó en la construcción del Túnel del Támesis. El siguiente paso en la tecnología de la construcción llegó en 1849 cuando el hormigón fue reforzado con barras de hierro. Sin embargo, este invento fue hecho por el jardinero francés Joseph Monier, que quería hacer macetas más duraderas. Añadiendo barras de hierro en el hormigón, consiguió una mayor resistencia a la tracción y elasticidad. Sin embargo, no fue hasta finales del siglo XIX que este nuevo material compuesto comenzó a ser ampliamente utilizado en la construcción.

La fabricación de papel fue otro oficio que pasó de la producción artesanal a pequeña escala a la fabricación industrial a gran escala. El aumento de la alfabetización y la difusión de la educación durante el siglo XVIII condujo al lento y constante aumento de la demanda de papel, tanto para la impresión como para la escritura. Sin embargo, hasta el decenio de 1790, el proceso siguió siendo en gran medida el mismo que en los siglos anteriores. Louis-Nicolas Robert, un soldado e ingeniero mecánico francés, dio el primer paso con su máquina de hacer papel continuo. Antes de su invención, el papel se hacía en hojas individuales vertiendo pasta de papel en un molde de hojas de tela. La pulpa se prensaba y se dejaba secar. Era un proceso largo y tedioso. En el diseño de Robert, la pasta de pulpa se distribuía en una cinta de malla tejida en movimiento continuo, a través de la cual el agua se escurría por la gravedad. La cinta llevaba la pulpa seca a través de una prensa, donde se secaba y se aplanaba antes de que el papel se enrollara en grandes bobinas. La máquina de Robert era capaz de producir toneladas de papel con un mínimo de trabajo y a una mayor velocidad. Sin embargo, Robert sentía que Inglaterra era un mejor ambiente para el desarrollo de su máquina, pero como las guerras napoleónicas continuaron, no pudo trasladarse allí. En su lugar, envió a su cuñado, John Gamble, un inglés que vivía en París. Gamble encontró inversores, los hermanos Fourdrinier, y patentó la máquina en 1801.

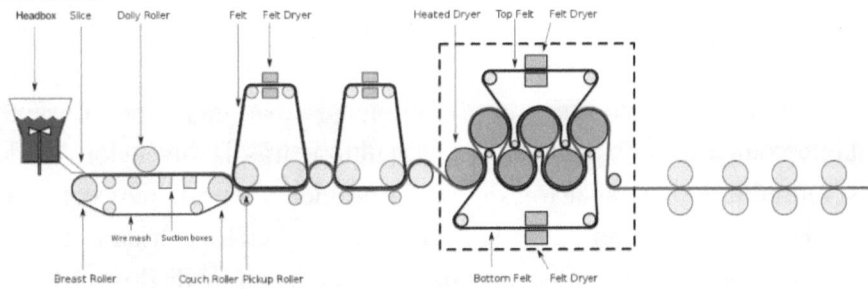

Un diagrama básico de una máquina de papel Fourdrinier. Fuente: https://commons.wikimedia.org

La máquina de fabricación de papel despegó rápidamente, y en los años siguientes se hicieron varias mejoras menores. Para entonces, se conoció como la máquina Fourdrinier, lo que significa que Robert perdió todo el control sobre su invento, así como el beneficio. Pronto se inventaron otras máquinas de hacer papel, y a diferencia de otros diseños iniciales de la Revolución Industrial, estas máquinas se extendieron rápidamente por todo el mundo. Esto fue importante porque permitió la fabricación industrial de papel, y el propio papel facilitó la difusión de la educación y el conocimiento. Así, las empresas editoriales pudieron crecer, ayudadas por los desarrollos de la industria de la impresión. En esa rama, nada había cambiado sustancialmente durante siglos después de la invención de la imprenta por Johannes Gutenberg. Entonces, en 1800, se produjo la primera imprenta de hierro fundido. Esta hizo el proceso de impresión más eficiente reduciendo la fuerza requerida en un 90 por ciento y doblando la dimensión del área impresa. Sin embargo, todavía estaba impulsada por el hombre y por lo tanto era un proceso bastante lento. Esto cambió cuando Friedrich Koenig, un impresor alemán, diseñó la primera máquina de imprenta a vapor. Se mudó a Londres en 1804, y para 1807, había adquirido socios e inversores británicos. En 1811, su invento pasó a la producción, revolucionando la industria. Permitió una impresión más rápida y más barata. Junto con el papel fabricado industrialmente, esto condujo a un auge de la industria de los periódicos, ya que cada vez se imprimían más papeles y su circulación crecía. También fue el primer paso hacia los medios de comunicación.

Otros sectores de la economía también estaban mejorando durante la Revolución Industrial. En la agricultura, tras la invención de la sembradora y la adaptación del arado de hierro a principios del siglo XVIII, que formaron parte de la Revolución Agrícola Británica, todo permaneció igual durante varias décadas. Luego, a mediados de 1780, un ingeniero escocés llamado Andrew Meikle inventó la trilladora. Este invento aumentó la eficiencia de la producción agrícola. Anteriormente, la trilla manual con azotador representaba hasta un 25 por ciento de la mano de obra utilizada en el sector agrario. También marcó el comienzo de la mecanización de la agricultura.

La fabricación de vidrio también se industrializó con el desarrollo del método del cilindro para producir láminas de vidrio. Con este método, el vidrio se soplaba primero en un largo cilindro, luego se cortaba a lo largo y se aplanaba en un marco de hierro fundido. Desde allí, el vidrio blando se enrollaba en una hoja y se enviaba a través de un horno sobre rodillos. Este método fue adoptado por primera vez por las empresas británicas en 1832 y permitió la producción de piezas más grandes de vidrio, convirtiéndolo en un material de construcción más viable. Eso provocó la locura de los techos de vidrio que surgió en la última parte del siglo.

Otra industria que surgió a finales de la Revolución Industrial fue la industria de la iluminación a gas. A medida que la industria minera se expandió, los mineros comenzaron a tropezar con gases naturales mientras excavaban para obtener carbón. No pasó mucho tiempo antes de que se dieran cuenta de que era inflamable. Sin embargo, la iluminación a gas no se utilizó hasta la década de 1790, cuando William Murdoch comenzó a experimentar con ella. Sus experimentos iniciales fueron lo suficientemente exitosos como para usar gas como iluminación en su propia casa antes de iluminar el edificio principal de la Fábrica de Fundición de Watt's Soho, donde trabajaba en ese momento. A principios de 1800, otros ingenieros comenzaron a experimentar con el uso y la fabricación de gases. Sin embargo, otro de los empleados de Watt, Samuel Clegg, que se inspiró en los experimentos de Murdoch, dio un importante paso adelante. Amplió la investigación inicial de Murdoch, mejorando la gasificación a gran escala del carbón e incluso el proceso de purificación del gas con purificadores de cal. En ese momento, la iluminación de gas se utilizaba principalmente en las fábricas, pero en 1813, la recién fundada Compañía de Luz de Gas y Coque, con Clegg como ingeniero jefe, obtuvo el primer contrato público de iluminación de gas. Iluminaron el famoso puente de Westminster en Londres. A partir de ahí, el uso público de la iluminación de gas comenzó a extenderse. El uso privado también se extendió. Con la iluminación de gas, que era más barata y eficiente que las velas y los aceites, los negocios podían permanecer abiertos más tiempo, mientras que las luces de las calles mantenían las ciudades iluminadas. Como resultado, la escena de la vida nocturna comenzó a florecer.

Vale la pena señalar, sin embargo, que experimentos y avances similares se hicieron en todo el mundo más o menos al mismo tiempo, desde América a Alemania. Así, este avance, a diferencia de la mayoría de los de la Revolución Industrial, no se limitó estrictamente a Gran Bretaña.

Hay muchos otros ejemplos de los avances e inventos que transformaron la economía, la producción y las vidas humanas durante este período. De hecho, hay demasiados para mencionarlos. Algunos de los engranajes del complejo mecanismo que fue la Revolución Industrial fueron instrumentales, mientras que otros fueron menos importantes, pero juntos impulsaron la economía y la sociedad.

Capítulo 4 – Difusión del Cambio

A principios del siglo XIX, la economía y la sociedad británicas experimentaron un enorme cambio. En un siglo, se había transformado de una forma más o menos medieval a una moderna, haciendo de Gran Bretaña uno de los líderes económicos del mundo. En 1851, el año de la famosa Gran Exposición, la primera de una serie de Ferias Mundiales que mostraban los logros industriales y culturales, Gran Bretaña no tenía verdaderos rivales. Extrajo cerca de dos tercios del carbón del mundo, y también representó cerca de la mitad de la producción mundial de hierro y textiles. El ingreso per cápita de Gran Bretaña era el más alto del mundo, haciendo parecer que nadie lo alcanzaría.

A pesar de lo que parecía a los observadores del siglo XIX, la verdad era que el milagro económico británico se estaba ralentizando. En el decenio de 1830, su ritmo se estaba reduciendo lentamente, lo que llevó a muchos estudiosos a considerar ese decenio como el final de la Revolución Industrial, aunque algunos lo extienden hasta el decenio de 1850. En contraposición, a partir de los primeros decenios del siglo XIX, otros países comenzaron a aplicar algunos de los avances británicos en sus economías. Esto condujo a un período de transición que, en cierto modo, puede considerarse como la segunda fase de la Revolución Industrial, el momento en que comenzó a convertirse en un fenómeno verdaderamente internacional. Muchas de las naciones europeas se dieron cuenta de lo poderosa que podía ser la industrialización después de las guerras napoleónicas, pero los británicos no estaban dispuestos a compartir sus conocimientos con otros en un intento de preservar su superioridad. Una ley del decenio de 1780, que prohibía toda exportación de maquinaria industrial, piezas, diseños o cualquier otra técnica o avance industrial, apoyaba legalmente esto. Sin embargo, paradójicamente, fue sobre todo gracias a los propios británicos que la semilla industrial se extendió por todo el mundo. Muchos de sus ingenieros y obreros especializados estaban dispuestos a compartir sus conocimientos y experiencia por la cantidad adecuada de dinero, facilitando la formación de industrias en otros países. Un gran ejemplo de esto es el hecho de que para 1830, no menos de 15.000 técnicos británicos cualificados trabajaban en las fábricas textiles y metalúrgicas francesas.

Además de compartir estos conocimientos, otra forma en que los extranjeros adquirían el conocimiento británico era enviar a sus talentosos estudiantes e ingenieros a Gran Bretaña para que aprendieran por su cuenta, tras lo cual regresaban a sus países de origen y establecían nuevas plantas. Además, algunos de los empresarios incluso sobornaron y contrabandearon máquinas de Inglaterra en un intento de duplicar el éxito económico británico. Por supuesto, esto era solo un punto de apoyo en la puerta, ya que la mayoría de los industriales del continente trataban de entrenar y educar a su mano de obra local ya que era más barato y más fácil trabajar con ellos. A pesar de unos primeros años rocosos, en la década de 1840, había varios nuevos países industriales, sobre todo Francia, Alemania y los Estados Unidos. Sin embargo, la primera nación del continente en impulsar la industrialización fue Bélgica. Las raíces de su transformación se pueden rastrear hasta la llegada de un ingeniero inglés, William Cockerill, a Bélgica a finales de la década de

1790. Escuchó que había una industria de la lana allí. Sin embargo, Bélgica fue ocupada por la Francia revolucionaria, pero eso no impidió que William acudiera. Su trabajo tuvo éxito, e incluso trajo a su familia a principios de 1800. La fortuna de Guillermo se vio favorecida cuando estableció una fábrica de maquinaria en Lieja en 1807. Ese mismo año, Napoleón le otorgó la más alta orden francesa, la Legión de Honor. En 1810, se le dio la ciudadanía también.

En esa época, se retiró, dejando su negocio a sus hijos, siendo John Cockerill el más prominente y exitoso. John diversificó los productos que fabricaban, que iban desde máquinas textiles, como las hiladoras, hasta varias máquinas de vapor, incluyendo motores de tracción y de barco. También mostró interés en minas y explotaciones mineras, así como en fábricas textiles y de papel. Fue a partir de sus humildes obras que Bélgica entró en su propia revolución industrial a mediados de la década de 1820, convirtiéndose en un importante productor textil, de hierro y de carbón en el continente. Además de la influencia de la familia Cockerill, la razón por la que Bélgica fue la primera en industrializarse fue el hecho de que Valonia, la parte sur del país en la que se encuentra Lieja, era rica en carbón que podía ser extraído a poca profundidad, al igual que en Gran Bretaña. Con la técnica minera británica, era bastante rentable extraerlo y suficientemente barato para que otras industrias, sobre todo la metalúrgica y la textil, lo utilizaran. No pasó mucho tiempo antes de que los productos belgas se vendieran por todo el continente. Dos centros industriales se levantaron: Gante como centro textil, y Lieja, que seguía vinculada a la industria del acero. Además, Bélgica, tras independizarse de los Países Bajos en 1830, invirtió en la construcción de una red ferroviaria para estimular el desarrollo de la economía. Era un sistema sencillo que conectaba las principales ciudades, puertos y zonas mineras, así como a los países vecinos. Esto permitió un transporte más rápido y barato de personas y bienes, lo cual era necesario para un rápido crecimiento industrial.

Una locomotora belga de la década de 1830 (el top)
y una alemana de la década de 1850.
Fuente: https://commons.wikimedia.org

Aunque Bélgica fue uno de los primeros contendientes, Alemania resultó ser una potencia económica mucho más importante. Sin embargo, su ascenso se vio frenado por el hecho de que Alemania estaba dividida en varios estados y reinos más pequeños, con Prusia a la cabeza. Además, durante las guerras napoleónicas, estaba bajo el dominio francés. A pesar de ello, en las décadas que siguieron a la caída del Imperio francés, los estados alemanes mostraron un gran interés en aprender de los británicos, importando sus conocimientos y habilidades. Sin embargo, no fue hasta la década de 1830 que la economía alemana comenzó a acelerar su ritmo. Primero, los estados alemanes formaron un mercado unificado a través de la Unión Aduanera, conocida como el Zollverein. En segundo lugar, durante los últimos años de la década de 1830 y 1840, Prusia, Sajonia y algunos otros estados hicieron avances en la agricultura, introduciendo nuevos cultivos como las patatas y aumentando su producción de alimentos, lo que permitió que más trabajadores se trasladaran a las ciudades. A pesar de eso, los estados alemanes estaban todavía empantanados en los sistemas de producción tradicionales, con los gremios que todavía tenían una influencia sustancial sobre las ciudades. Además, el resto de la sociedad, incluyendo la aristocracia terrateniente y la Iglesia, mostraba desdén por el espíritu empresarial. Esto, combinado con la complicada burocracia estatal, hizo que fuera bastante difícil que la industria se disparara. Sin embargo, a finales de 1830, la semilla de la industria textil había sido sembrada.

Mapa de la red ferroviaria alemana en 1849 (incluyendo también los estados circundantes).
Fuente: https://commons.wikimedia.org

Durante la década de 1840, los estados alemanes comenzaron a invertir en ferrocarriles, que además aceleraron el desarrollo de su economía. Crearon nuevos mercados para los productos locales y aumentaron la demanda de ingenieros, arquitectos, maquinistas cualificados y gerentes, a la vez que estimularon las inversiones en la producción de carbón y hierro. Afortunadamente, las tierras alemanas, sobre todo las regiones del norte, eran abundantes en ambas. Fue durante 1840 cuando el famoso valle del Ruhr se convirtió en un nuevo centro industrial, ya que era rico en minas de carbón y albergaba una floreciente industria metalúrgica. La fabricación alemana de acero y carbón comenzó a expandirse durante la década de 1850, cobrando una enorme velocidad. Por ejemplo, la producción de hierro creció a una tasa anual de alrededor del 14%. Además, la producción de carbón en la cuenca del Ruhr pasó de poco menos de 2 millones de toneladas en 1850 a unos 22 millones de toneladas en 1880. Un importante impulso a la economía alemana llegó en 1871. Después de la guerra franco-prusiana, los estados alemanes adquirieron las regiones industrializadas de Alsacia y Lorena, que ya habían desarrollado industrias textiles y metalúrgicas. Aún más importante, los estados alemanes se unieron finalmente bajo el dominio prusiano en un único Imperio alemán. Su economía floreció después. Todas las tierras alemanas tenían las mismas leyes, su burocracia era más eficiente y el mercado estaba realmente unificado. Y lo más importante, se permitió que la política prusiana de industria apoyada por el estado se extendiera.

Esto era importante, ya que Alemania, a diferencia de Gran Bretaña, tenía una clase media preindustrial más pequeña y menos capital inicial. El apoyo gubernamental fue crucial, ya que promovió la acumulación de las inversiones necesarias para poner en marcha las industrias. Otra diferencia significativa con los procesos de industrialización de otras naciones fue que la revolución económica alemana comenzó después de que la red ferroviaria se había establecido. Esto significó que ya existía una gran demanda de carbón y acero, haciendo de la industria pesada el principal foco de atención del gobierno y, a su vez, de los empresarios. Sin embargo, la industria pesada exigía inversiones de capital mucho más altas, lo que impulsó la creación de grandes empresas y cárteles económicos. Un buen ejemplo de esto fue el conglomerado Krupp, que fue dirigido por la familia del mismo nombre. En la década de 1870, esta empresa dominaba la industria siderúrgica alemana, pasando de la minería y la fundición de hierro a la producción de armamento y piezas de ferrocarril. Este mismo modelo de negocio continuó en nuevas ramas de la industria, como los productos químicos y los equipos eléctricos, tecnologías en las que Alemania se convirtió en líder a finales del siglo XIX. Así, Siemens y Allgemeine Elektricitäts-Gesellschaft (más conocida como AEG) lograron controlar más del 90 por ciento de la industria eléctrica alemana, e incluso se ramificaron en el extranjero. Esas grandes empresas también combinaban sus intereses y protegían sus ingresos formando cárteles que fijaban cuotas de producción y precios. Por supuesto, esto no significa que no hubiera empresas pequeñas o medianas, ni que otros países, como Gran Bretaña o Francia, no formaran sus propias grandes empresas.

Otro aspecto importante de la industrialización alemana fue que, en las primeras etapas de la Revolución Industrial, sus inventores y científicos no contribuyeron casi nada al desarrollo de la tecnología. De hecho, la industria alemana dependía de la importación de tecnología y conocimientos especializados extranjeros. Los estados alemanes incluso carecían de un número suficiente de trabajadores cualificados. En la década de 1830, un fabricante se quejó de que no podía encontrar un solo trabajador alemán que pudiera hacer un tornillo de torno. Esta falta de conocimientos técnicos y mecánicos también contribuyó al inicio tardío de la Revolución Industrial Alemana. Sin embargo, los estados alemanes tenían una educación bastante avanzada y extendida, así como su conocida ética de trabajo diligente. Debido a estos factores, los alemanes aprendieron rápidamente y adoptaron nuevas técnicas y habilidades, formando una nueva clase de expertos para muchos campos. Gracias a ello, en la década de 1870, el papel de los científicos e ingenieros alemanes cambió a medida que comenzaron a desarrollar nuevas tecnologías, sobre todo en la industria química. Así, a finales del siglo XIX, la economía alemana se convirtió en una de las principales del mundo en todos los aspectos, desde la producción hasta los avances tecnológicos, probablemente en segundo lugar después de la todavía superior industria británica.

Un marcado contraste con el ejemplo alemán fue su vecino occidental Francia. Desde finales del siglo XVII, sus inventores e ingenieros comenzaron a experimentar con muchas de las mismas técnicas que sus colegas británicos. Tenían ideas similares o incluso las mismas que las del otro lado del canal de la Mancha, y algunos de sus avances e ideas fueron copiados por los pioneros industriales británicos. Sin embargo, el anticuado sistema social francés seguía basándose en los mismos fundamentos del feudalismo medieval, y aún más, la falta de recursos naturales, principalmente carbón, impidió que Francia se uniera a Gran Bretaña como uno de los líderes de la revolución. Su posición empeoró en la segunda mitad del siglo XVIII cuando su economía comenzó a decaer. La escasa fabricación protoindustrial de los distintos talleres y fábricas se desplomó con el comienzo de la Revolución francesa en 1789. Durante el siguiente cuarto de siglo, Francia pasó por una tremenda agitación y numerosas guerras, que agotaron su mano de obra y su economía, impidiendo cualquier mejora significativa en el sector industrial. Así pues, después de 1815, Francia siguió siendo sobre todo una economía agrícola con una industria artesanal subdesarrollada. A pesar de ello, el gobierno de Napoleón rompió por lo menos los sistemas económicos tradicionales, incluidos la servidumbre y los gremios. Además, Napoleón se dio cuenta de la importancia de la ingeniería, fomentando el desarrollo de ese campo, y creando al mismo tiempo un fuerte sector bancario bajo el Banco de Francia.

Francia vio pocos beneficios de esas innovaciones bajo su gobierno. Aún así, permitió el desarrollo de su industria desde la década de 1820 en adelante. Sin embargo, su transformación industrial fue significativamente más lenta que la de cualquiera de los países mencionados. Francia sufrió a lo largo del siglo XIX numerosos trastornos sociales y revoluciones. Su población también creció mucho más lentamente que la de Gran Bretaña o Alemania. Esto significaba que los trabajadores tenían la opción de quedarse en el campo y trabajar allí, lo que hacía más difícil reclutar trabajadores para las fábricas. Sin embargo, hubo un cierto crecimiento económico, con un aumento de la producción tanto de hierro como de carbón, mientras que los textiles siguieron siendo la principal rama de su industria hasta la segunda mitad del siglo XIX. Además, a diferencia de los alemanes, los franceses también contribuyeron significativamente al desarrollo de la industria textil. La más notable de todas ellas fue la invención del telar Jacquard, hecho por Joseph Marie Jacquard en 1804. Él simplificó el proceso de fabricación de textiles con patrones intrincados, usando tarjetas perforadas atadas en una secuencia continua. Los agujeros en las tarjetas dictaban qué agujas y ganchos debían tejer en la tela, creando la posibilidad de fabricar diseños intrincados a través de la producción en masa. Este invento trajo consigo la posibilidad de crear nuevos diseños para la industria textil. El telar de Jacquard también sirvió como inspiración para la idea detrás de las computadoras, la programación y la ciencia de los datos. Los agujeros en las tarjetas perforadas son básicamente representaciones físicas del cero y el uno, un principio en el que todos los ordenadores trabajan hoy en día.

El rocoso comienzo de la transformación industrial en Francia se aceleró con el desarrollo del sistema nacional de ferrocarriles en la década de 1840. Al igual que en Alemania, el gobierno francés patrocinó el desarrollo del ferrocarril mientras que simultáneamente impulsaba el crecimiento local a través de la construcción y otros proyectos. Sin embargo, el estado francés no estaba tan involucrado en el desarrollo económico como los estados alemanes. Por lo tanto, en este aspecto, Francia se situaba entre los ejemplos británico y alemán. En la década de 1850, sin embargo, Francia finalmente comenzó a desarrollar una industria pesada más sustancial, mientras que también aumentó su producción de hierro y carbón. Además, se convirtió en el segundo mayor fabricante de algodón en Europa después de Gran Bretaña. Sin embargo, la industrialización tiene sus limitaciones, que los fabricantes franceses trataron de sortear no invirtiendo en maquinaria y combustible costosos. Por ejemplo, muchos de los fabricantes de muebles normalizaron un diseño y una producción simplificados, lo que facilitó la capacitación de nuevos trabajadores y el aumento de su producción. Así, entraron en una producción en masa no mecanizada que era algo competitiva para la importación británica. Sin embargo, el péndulo de la economía francesa volvió a oscilar después de la pérdida de Alsacia y Lorena, entrando una vez más en un período de lento crecimiento y estancamiento.

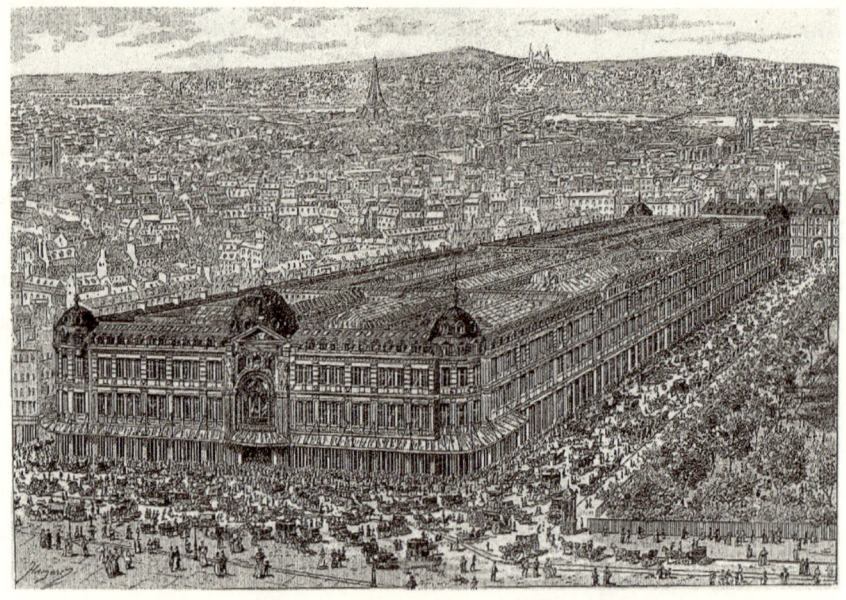

Una fotograbación un tanto exagerada de una tienda de París de finales del siglo XIX.
Fuente: https://commons.wikimedia.org

A pesar del desarrollo lento y tardío de la industria francesa, logró ser pionera en una importante innovación en materia económica. Gracias a la creación de un sistema de distribución mejor conectado, al aumento de la producción y al crecimiento de los mercados urbanos, el consumismo suscitó la idea de una gran distribución, que se manifestó en forma de grandes almacenes. La primera se abrió en París en los años 1780, permitiendo a las clases altas, así como a la creciente clase media, adquirir una variedad de productos de alta gama fabricados en toda Francia. Sin embargo, la verdadera modernización de este modelo solo se produjo después de las guerras napoleónicas, que fue cuando los grandes almacenes comenzaron a florecer. No hubo más regateos, y las tiendas empezaron a dar garantías y a invertir en publicidad. Con la afluencia de ingresos, las tiendas crecieron, cubriendo múltiples pisos en varios miles de metros cuadrados y empleando a cientos de personas. En 1860, una sola tienda podía lograr ventas de millones de francos. Después de un tiempo, algunas de estas tiendas eligieron recurrir a productos más baratos, con el objetivo de ampliar su base de clientes y aumentar sus ingresos. Con eso, la idea del consumismo se expandió también hacia las clases bajas. Otras naciones siguieron su ejemplo, y los grandes almacenes y las galerías comerciales comenzaron a aparecer en las grandes ciudades de toda Europa. De este modo, fueron los franceses quienes crearon el consumismo moderno como un estándar social y una fuerza económica, preparando el camino para los centros comerciales del siglo XX y el sector del marketing.

Al otro lado del charco, los recién fundados Estados Unidos también se unieron rápidamente a la industrialización. Debido a sus vínculos culturales e históricos con los británicos, un pequeño número de sus empresarios comenzaron a importar la tecnología y las máquinas de Gran Bretaña a finales del siglo XVIII, creando semillas de la industria textil a medida que el fervor de la Revolución Americana comenzaba a extinguirse. Estos nuevos molinos fueron inicialmente impulsados por ríos rápidos, por lo que los primeros centros industriales surgieron en la región de Nueva Inglaterra, que era rica en vías fluviales. En las décadas siguientes, las máquinas de vapor también comenzaron a aparecer, tanto en las fábricas como en el transporte. Sin embargo, EE. UU. siguió siendo un país predominantemente agrario hasta la década de 1820. En ese momento, los ferrocarriles locales comenzaron a construirse, con una red más extensa que comenzó a surgir en las décadas de 1830 y 1840. Con la llegada y la expansión de los ferrocarriles, los Estados Unidos iniciaron una industrialización más rápida, ya que estimuló la industria pesada y facilitó el comercio. Aproximadamente al mismo tiempo, se excavaron varios canales, añadiendo otra capa de posibilidades de transporte en los Estados Unidos. Para la década de 1840, se formaron muchas otras ramas de la industria, incluyendo la maquinaria y la construcción naval. No obstante, la industria textil siguió siendo la principal fuerza impulsora del cambio, sobre todo porque a finales de la década de 1840 y principios de la de 1850, una nueva revolución de la máquina de coser permitió que se utilizara para un uso más amplio.

La máquina de coser, a menudo vinculada al famoso empresario americano Isaac Singer, fue solo parcialmente un avance americano. Había estado en desarrollo durante décadas en Europa. De hecho, se perfeccionó a ambos lados del océano Atlántico casi simultáneamente. En ese aspecto, la industrialización americana, al igual que en Alemania, dependía en gran medida de la importación de avances tecnológicos europeos durante la mayor parte del siglo XIX. Algunos de sus inventores hicieron pequeñas mejoras en las tecnologías existentes, pero nada realmente innovador. El único avance importante en el proceso industrial fue el perfeccionamiento de la producción en masa de piezas intercambiables. Como se mencionó anteriormente, las semillas de estas ideas se sembraron en Gran Bretaña, pero fueron los ingenieros estadounidenses y el gobierno de EE. UU. los que realmente abrazaron este sistema. Fue inicialmente adoptado y desarrollado por el Departamento de Guerra de los EE. UU. en los primeros años del siglo 19. El departamento vio su valor para el montaje más rápido y barato de las armas, con Eli Whitney, un inventor americano, liderando el desarrollo de tales métodos de producción. En pocas décadas, las mejoras en las fresadoras y tornos hicieron cada vez más fácil y rentable la fabricación de piezas metálicas intercambiables. Estos desarrollos condujeron a un llamado sistema de producción americano, en el que trabajadores semicalificados utilizaban herramientas mecánicas para fabricar piezas intercambiables estandarizadas, que podían ser ensambladas en un producto acabado con un mínimo de tiempo y habilidad.

Pintura de Eli Whitney (el top) y un ejemplo moderno de una antigua ginebra de algodón (del fondo), posiblemente su invento. Fuente: https://commons.wikimedia.org

El único otro avance tecnológico significativo hecho por los inventores americanos fue la creación de la desmotadora de algodón en la década de 1790. Era un tambor giratorio, con ganchos y cepillos, que arrastraba las fibras de algodón a través de una malla, quitando sus semillas. Su creación se atribuye a veces a Eli Whitney, aunque esto sigue siendo discutible, ya que varios inventores americanos trabajaron en ella al mismo tiempo. Gracias a este invento, la producción de algodón se disparó en el sur de América, y los EE. UU. se convirtieron en un exportador mundial vital de algodón, alimentando parte de la industria textil europea. A pesar de ello, la industrialización inicial de los Estados Unidos siguió dependiendo del capital extranjero, ya que no muchos estadounidenses tenían suficiente dinero para iniciar sus propias empresas. Así, durante gran parte del siglo XIX, la industrialización en los EE. UU. dependía de las inversiones europeas, sobre todo de Gran Bretaña. Sin embargo, cuando el engranaje de la industria comenzó a rodar, la economía estadounidense se disparó. Esto se vio facilitado por el hecho de que el noreste de los Estados Unidos era rico en carbón y hierro, lo que simplificó mucho la transición a la industria pesada. Además, hasta mediados del siglo XIX, los Estados Unidos estaban relativamente poco poblados, lo que despertó un mayor interés en las innovaciones tecnológicas para el ahorro de mano de obra entre los empresarios estadounidenses. Sin embargo, con la afluencia de inmigrantes europeos, sobre todo los irlandeses tras la hambruna de la patata de la década de 1840, la falta de trabajadores se redujo, disminuyendo los salarios de los obreros.

Independientemente de las condiciones de los trabajadores, las industrias y la economía de EE. UU. continuaron su desarrollo. El único momento en el que parecía que la expansión industrial podía verse amenazada fue durante la guerra civil de EE. UU. en la década de 1860. Sin embargo, la guerra solo favoreció el avance de la industria y la economía, ya que la economía de la guerra causó un auge en la industria de las armas, por lo que se convirtió en un importante exportador en los años posteriores a la guerra. De manera algo simultánea, las empresas estadounidenses se volcaron hacia el modelo de grandes empresas, similar al de Alemania, ya que los bancos invirtieron en el crecimiento de las empresas. Como resultado, las empresas, así como las fábricas, crecieron, y para la década de 1870, algunas de ellas eran lo suficientemente ricas como para comenzar su expansión fuera de los Estados Unidos. A medida que las grandes empresas crecían, tanto el público como los políticos estadounidenses se mantenían a favor de la libre empresa, mientras que el gobierno contribuía activamente a la expansión de la industria y las grandes empresas. Por ello, muchas empresas lograron formar monopolios en mercados específicos, más que en cualquier otra nación industrial. Junto a la industria, la agricultura también se expandió mediante la conquista de nuevas tierras en Occidente y la introducción de la mecanización. Al principio, fue en forma de maquinaria de cosecha tirada por caballos. Más tarde, se utilizaron tractores de vapor. Con el crecimiento de la producción agrícola, los Estados Unidos obtuvieron otro producto de exportación. Así, los Estados Unidos evitó el escenario británico en el que las exportaciones industriales se cambiaban por alimentos.

Además de los gigantes industriales ya mencionados, otros países de Europa Occidental comenzaron su industrialización a mediados del siglo XIX. Las zonas más notables fueron el norte de Italia, Suecia y los Países Bajos, mientras que Austro-Hungría (antes la Monarquía de los Habsburgo), España y el sur de Italia se quedaron atrás en gran medida. Irlanda estaba solo marginalmente industrializada, ya que estaba bajo una ocupación británica bastante dura. Del mismo modo, el sur de los Estados Unidos siguió siendo mayormente agrícola después de la guerra civil, alimentando las fábricas textiles del norte con algodón crudo. La velocidad, el nivel y el éxito de la industrialización en estos países europeos variaba, pero sin duda estaban muy por detrás de las principales potencias como Gran Bretaña, los EE. UU. y Alemania. Sin embargo, algunas características generales traspasaron las fronteras. En la mayoría de las naciones, además de Gran Bretaña, las grandes empresas formaban el núcleo de poder detrás de la industria. Además, la mayoría de los países trataron de proteger sus economías y mercados con los aranceles de importación de varios productos.

A medida que el siglo se acercaba a su fin, la industria pesada y la industria química reemplazaron a la rama textil como la fuerza principal de la economía. Los ferrocarriles conectaron vastas áreas, y el transporte ferroviario se hizo transnacional. Como resultado de estos factores, el mercado se hizo cada vez más global. Las industrias en desarrollo estimularon la sed de nuevos mercados para sostener su crecimiento futuro, lo que provocó el auge del imperialismo. Las principales potencias económicas trataron de monopolizar los mercados potenciales de Asia, África y América del Sur y, al mismo tiempo, se aseguraron nuevas fuentes de materias primas. Esto condujo a una mayor difusión de la industrialización y a la vez a la afirmación del dominio occidental en todo el mundo.

Fuera del mundo occidental, otras naciones intentaron, aunque solo hasta cierto punto, emular los avances en la tecnología y la producción. Uno de los últimos ejemplos fue la Rusia Imperial. Hasta principios del siglo XIX, estaba a la par con la mayoría de las economías europeas. Sin embargo, debido a su atrasado sistema feudal, rápidamente se quedó atrás cuando comenzaron a industrializarse. Durante la primera mitad del siglo, la aristocracia rusa se contentó con mantener sus ingresos agrícolas tradicionales de las grandes haciendas cultivadas por los siervos. En esa época se observaron algunos indicios de esfuerzos de industrialización, ya que algunos empresarios rusos, así como inversores extranjeros, empezaron a importar diversas máquinas y a establecer algunas fábricas. Sin embargo, su número era comparativamente pequeño para un país tan vasto. No fue hasta que el ejército ruso sufrió una gran derrota contra Gran Bretaña y Francia en su propio patio trasero durante la guerra de Crimea de la década de 1850 que el gobierno comenzó a darse cuenta de lo mucho que se había quedado atrás. Después, y a pesar de los importantes disturbios civiles, comenzó la modernización. Lo más importante es que la servidumbre fue abolida en la década de 1860, lo que permitió a los trabajadores emigrar libremente a las ciudades, mientras que los expertos y trabajadores cualificados extranjeros fueron importados, sobre todo desde Alemania, para establecer más fábricas.

Una pintura del siglo XIX que representa a campesinos rusos leyendo la proclamación de la abolición de 1861.
Fuente: https://commons.wikimedia.org

A pesar de ello, la transición rusa a un sistema económico moderno fue lenta y difícil. El tradicionalismo era fuerte y la aristocracia se oponía abiertamente a la industrialización. Además, Rusia empezó a exportar materias primas, como madera y alimentos, a Europa occidental, lo que no requería ninguna innovación, lo que hizo que muchos conservaran los medios de producción tradicionales. Un problema adicional era la falta de infraestructura. Los ferrocarriles se construyeron por primera vez en la década de 1830, pero incluso en la década de 1870, solo cubrían pequeños parches de la zarza. Sin embargo, en el decenio de 1870, se hicieron algunas mejoras, ya que los rusos producían más máquinas que las que importaban. Sin embargo, la brecha entre el Imperio ruso y Occidente iba en aumento. La mera velocidad de la industrialización en Occidente era demasiado para que Rusia la alcanzara. Aunque Rusia no logró crear una industria más sustancial, todavía era capaz de exportar algunos de sus productos a mercados no europeos, como Asia Central, Irán y China.

La economía china sufrió aún más. La China Imperial, que una vez fue uno de los mayores fabricantes y países más ricos, se desplomó durante el siglo XIX. Debido a su tradicional repulsa a la influencia y cultura extranjeras, China se negó a adoptar cualquier nueva tecnología de Occidente, conservando su sistema de fabricación tradicional. Una de las razones por las que fue capaz de hacerlo fue el hecho de que los productos europeos no podían amenazar significativamente a los productores locales. Sin embargo, debido a la inestabilidad interna, a la burocracia estatal que fracasaba lentamente y a la creciente presión externa, la economía china comenzó a fracasar. De hecho, fue debido a la presión externa que se dieron los primeros pasos industriales, pasos que incluyeron ferrocarriles y fábricas textiles, que se construyeron por primera vez a finales del siglo XIX.

Gracias a su gran tamaño y a su larga historia y tradición, China logró sobrevivir, principalmente ignorando la idea de la industrialización. Sin embargo, otras naciones independientes de todo el mundo no tuvieron muchas opciones. Tenían que intentar modernizar su producción o quedarse tan atrás que sería difícil mantener su independencia. Así, durante el siglo XIX, muchas naciones como los jóvenes estados de América del Sur, como Brasil o Chile, y las viejas potencias de Oriente Medio, como Persia y el Imperio otomano, trataron de industrializarse. El ritmo y el período de inicio variaron de un país a otro, a veces retrocediendo hasta la década de 1830. Sin embargo, su éxito fue generalmente limitado, con algunos pequeños focos de industrialización local, mientras que la mayoría de las tierras permanecieron restringidas a las economías tradicionales. Así pues, la mayoría de esos países siguieron dependiendo principalmente de las importaciones extranjeras de bienes mecánicos y técnicos y exportaron principalmente alimentos y materias primas.

La única nación no occidental que tuvo un éxito total en su industrialización fue el Japón. Probablemente fue uno de los peores puntos de partida, ya que el país había estado casi completamente aislado de la influencia extranjera desde principios del siglo XVII. Por lo tanto, durante más de 200 años, estuvo encerrado en su política, cultura, economía y medios de producción tradicionales. En 1853, cuando los Estados Unidos abrió por la fuerza sus fronteras, Japón se encontraba unos dos siglos por detrás del mundo occidental en cuanto a tecnología y economía. Para la mayoría de los contemporáneos, probablemente parecía que el país del sol naciente nunca se pondría al día. En 1868, después de cierta confusión interna, el recién coronado Emperador Meiji restauró el poder imperial, que había sido usurpado por el shogun. Tras recuperar el control de su país, el emperador Meiji y su gobierno intentaron modernizarlo. Su interacción con los Estados Unidos, y más tarde con otras potencias occidentales, les hizo darse cuenta de que necesitaban llevar su nación al siglo XIX si querían sobrevivir. Para lograrlo, el gobierno planeó aprender de sus competidores. A lo largo de los años, enviaron miles de jóvenes estudiantes al extranjero para estudiar en varios campos, y no menos de 3.000 expertos extranjeros fueron traídos al país y empleados en varios proyectos. Los expertos japoneses también comenzaron a viajar por todo el mundo, buscando los mejores ejemplos en cada campo, ya sea político o tecnológico.

Con esta oleada de experiencia y conocimientos externos, Japón comenzó a reformarse. Toda la sociedad estaba cambiando, dejando a la vieja aristocracia feudal samurái fuera del camino para las nuevas élites empresariales. Se formó una nueva educación moderna, y se reformaron los sistemas políticos y militares, basados principalmente en los modelos de EE. UU. y Alemania. Con eso llegó la ola de industrialización. El gobierno comenzó a construir ferrocarriles, invirtió en la mecanización de las operaciones mineras, y dio subvenciones y subsidios para la industria textil y pesada. En pocos años, la industrialización japonesa comenzó a extenderse. A lo largo de la década de 1870, se construyeron millas de ferrocarriles y carreteras, así como numerosas fábricas y minas. Las grandes empresas se formaron casi inmediatamente junto a ellas. Muchos de los empresarios y hombres de negocios japoneses vieron en esto una forma no solo de ganar más dinero sino también de competir con las empresas extranjeras. En 1880, la economía japonesa había empezado a producir suficientes productos para competir con la presión internacional en su propio mercado, y en 1890, incluso logró competir con empresas occidentales en el mercado local del sudeste asiático. El éxito más notable de este período fue la industria textil japonesa, especialmente con sus productos de seda. Así, en unos veinte años, Japón había logrado transformarse de una tierra feudal medieval en una sociedad industrial moderna, sorprendiendo a muchos en el camino. Mirando este solitario ejemplo, se hace evidente que la mejor manera de industrializarse era con plena atención y apoyo gubernamental. Otras naciones confiaban en medias tintas e iniciativas personales, mientras que Japón no dejaba nada al azar. Los resultados definitivamente hablan por sí mismos.

Una pintura japonesa de la década de 1870 que representa los ferrocarriles en la costa. Fuente: https://commons.wikimedia.org

Sin embargo, con este desarrollo industrial, los japoneses también adquirieron el gusto europeo por el imperialismo. Buscaron expandir su dominio a Corea y China. Para entonces, las potencias europeas, sobre todo Francia y Gran Bretaña, se habían apoderado de la mayor parte de África, Indochina y todo el subcontinente indio. Incluso Alemania, que no podía colonizar antes de su unificación, logró arrebatar algunos de los territorios de África. Junto a estas grandes potencias, otras más pequeñas, como Bélgica, los Países Bajos e Italia, también tenían colonias en todo el mundo. Bajo su dominio, las tierras quedaron vacías de cualquier beneficio real de los avances industriales. Los colonizadores solo trajeron la tecnología que necesitaban para ellos mismos. Por ejemplo, construyeron líneas de ferrocarril desde las minas o campos de algodón hasta los puertos y también construyeron pequeñas fábricas para sus propias necesidades. La mayoría de estas tierras fueron puramente explotadas para el beneficio de sus amos industriales. La única excepción fue la India, donde a principios del siglo XIX aparecieron algunos rastros de industrialización propia. Sin embargo, esto era insignificante en el panorama general, especialmente después de la década de 1850 cuando Gran Bretaña apretó sus riendas sobre el gobierno indio, empujando más hacia el interior. El resultado en la India, como en muchas otras colonias, fue el colapso de los medios tradicionales de producción, haciendo que mucha gente dejara de trabajar y se empobreciera.

Las élites europeas trataron de enmascarar su cruel dominio y la opresión abierta de la población nativa con la máxima de llevar la civilización a las tierras recónditas. Sin embargo, esto estaba lejos de la verdad. Todas las mejoras que hicieron fueron para su propio beneficio y uso, mientras que la población local fue utilizada como fuente de mano de obra barata y sus tierras como fuente de materia prima. La industria y sus tecnologías quedaron fuera del alcance de los pueblos indígenas, aunque algunos avances en la agricultura se extendieron. No obstante, esos avances fueron generalmente promovidos por los colonizadores para maximizar su propia producción y beneficios. La medicina y la educación solo mejoraron mínimamente, si es que lo hicieron, y su alcance varió de una región a otra.

La colonización terminó trayendo más combustible a la industria europea, impulsando las economías de estos países. Así que, no es sorprendente que, a finales del siglo XIX, los EE. UU. y Japón adquirieran sus propias colonias. En la década de 1890, los EE. UU. habían conquistado Puerto Rico, Filipinas y Hawai, mientras que Japón tomó el control de Taiwán y Corea. De manera similar, Rusia expandió sus tierras a través de Asia Central y Oriental. Portugal y España, aunque de estos últimos perdieron una parte de sus territorios con los EE. UU., también tenían algunas colonias que quedaron de sus vastos imperios anteriores. Sin embargo, esos países nunca lograron industrializarse, dejando sus colonias sin modernizarse igualmente.

A finales del siglo XIX, el mundo entero estaba familiarizado con la idea de la industrialización, independientemente de la voluntad y la capacidad para llevarla a cabo. Este tipo de cambio ya no se limitaba a Gran Bretaña. A pesar de los avances realizados por otras naciones, Gran Bretaña seguía siendo el país y la economía más desarrollados, más rica y más poderosa del mundo.

Capítulo 5 – Chispas de una Nueva Revolución

A medida que la Revolución Industrial se expandió a mediados del siglo XIX, el ritmo de los avances tecnológicos se ralentizó, haciendo que muchos estudiosos argumentaran que la Revolución Industrial había terminado alrededor de 1850 como muy tarde. Hasta cierto punto, y desde un singular punto de vista de la Revolución Industrial Británica, este es un punto válido. Sin embargo, el hecho es que varias industrias continuaron avanzando mientras que otras nuevas también fueron inventadas. Además, a lo largo del siglo XIX, los índices de producción de materias primas también crecieron.

Muchos todavía sostienen que la Revolución Industrial terminó en la década de 1830 porque los nuevos inventos que vinieron después no lograron revolucionar la producción y los ingresos. No obstante, las economías siguieron creciendo y expandiéndose. No obstante, este crecimiento se vio en cierto modo obstaculizado por la larga depresión del decenio de 1870, que fue cuando el mundo entró en su primera crisis económica verdaderamente internacional. Fue causada por una combinación de devaluación del dinero debido a la explotación excesiva de la plata y una burbuja bursátil creada por inversiones demasiado optimistas en nuevas industrias. Cuando el pánico se apoderó de los mercados bursátiles del mundo, la gente empezó a retirar su capital, causando el colapso de las bolsas y su cierre temporal. No pasó mucho tiempo antes de que una recesión se extendiera sobre la economía mundial, aunque golpeó con más fuerza a Gran Bretaña y a los Estados Unidos. En ese momento, debió parecer que el crecimiento y desarrollo de las tecnologías, la industria y la economía en general terminaría. Las quiebras y el desempleo se convirtieron en algo cotidiano en el mundo industrializado. Sin embargo, en la década de 1870, una nueva explosión de avances tecnológicos estaba lista para estallar, y nuevas ramas de la industria estaban listas para brotar utilizando las mismas innovaciones que habían ocurrido en las cuatro décadas anteriores. Gracias a estos avances, la economía se recuperó y se elevó a nuevas alturas, dejando una idea algo inexacta de que la industrialización es capaz de superar todos los problemas de la economía.

Antes de profundizar en los detalles de esos nuevos desarrollos en la economía y en el sector manufacturero, cabe señalar que, para muchos estudiosos, esos avances se consideran parte de la Segunda Revolución Industrial. Según el punto de vista, el comienzo de esta revolución está fechado en 1870 o a veces incluso en la década de 1850, mientras que su fecha final suele ser 1914 o alrededor de 1950. Otros puntos de vista lo ven como otra oleada de la revolución inicial que comenzó en el siglo XVIII. Desde su perspectiva, los avances tecnológicos, por muy revolucionarios y nuevos que fueran, eran una clara continuación de la ola de industrialización original. Para los propósitos de este libro, lo clasificaremos como una tercera fase de la Revolución Industrial, una que vino después del nacimiento inicial de la tecnología industrial y su expansión por todo el mundo. De hecho, una de las razones por las que muchos tienden a separarla de la transformación industrial inicial, además del enfoque en nuevas industrias y tecnologías, fue el hecho de que era policéntrica. El avance ya no se contenía solo en Gran Bretaña, sino que abarcaba todas las naciones industriales de finales del siglo XIX, y todas ellas contribuían a los cambios que se avecinaban.

Uno de los avances más significativos que revitalizó la Revolución Industrial llegó en la metalurgia, lo que significó que la industria textil ya no era la rama líder. Durante la década de 1850, el inventor británico Sir Henry Bessemer desarrolló un proceso que permitiría que la producción masiva de acero fuera más barata. Se dio cuenta de que las impurezas podían ser eliminadas del acero por medio de la oxidación, soplando el aire a través del hierro fundido. Además de la purificación, el aire también elevaba la temperatura del hierro, manteniéndolo fundido. Conocido como el proceso Bessemer, su mejora fue el primer paso hacia el acero barato. Sin embargo, no fue hasta finales de 1860 y principios de 1870 que su proceso se utilizó ampliamente, permitiéndole tener un impacto adecuado en la industria. A pesar de ser un invento británico, el proceso Bessemer despegó después de que el famoso empresario e industrial estadounidense Andrew Carnegie lo empleara en su propio negocio en los Estados Unidos en 1872. El impacto total de esta nueva tecnología es evidente por el hecho de que Carnegie fue capaz de reducir el costo de los rieles de acero de los ferrocarriles en un 50 por ciento entre 1873 y 1875. Sin embargo, fue solo el primer paso para refinar el proceso de producción de acero, ya que el fósforo y el azufre aún permanecían, a pesar de eliminar el exceso de carbono y silicio. En otras palabras, el acero de Bessemer todavía no era lo suficientemente puro.

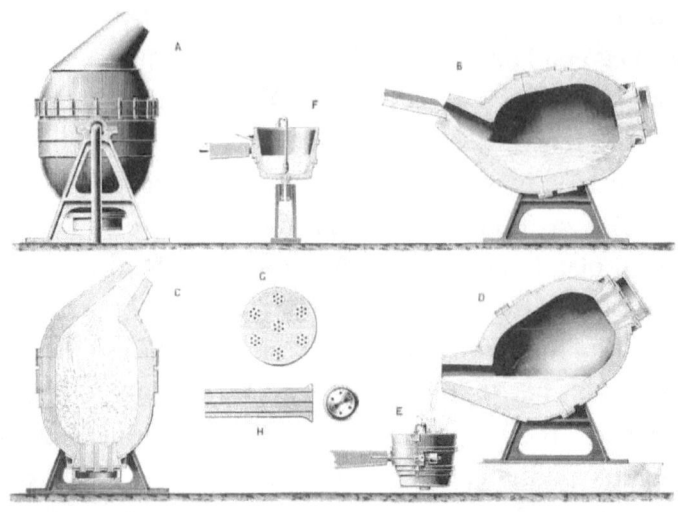

Un convertidor Bessemer utilizado en el proceso Bessemer.
Fuente: https://commons.wikimedia.org

El siguiente paso en el desarrollo de la producción de acero se dio a finales de la década de 1870. Con dos primos, Sidney Gilchrist Thomas y Percy Gilchrist, ambos metalúrgicos de Gran Bretaña, se les ocurrió la idea de usar dolomita o piedra caliza como revestimiento para el convertidor de Bessemer. Esto solo no era suficiente, así que los primos Gilchrist también añadieron cal al mineral procesado. Al hacer esto, la reacción química causó que se formara escoria adicional en el hierro fundido, haciendo que el acero fuera más puro. Un beneficio adicional de este nuevo proceso de Gilchrist-Thomas, también conocido como el proceso "básico" de Bessemer (básico como opuesto al ácido), era que la escoria rica en fósforo podía ser recuperada y vendida como un fertilizante de fosfato. Después de un tiempo, ese fertilizante se conoció como la harina Thomas. Sin embargo, el verdadero beneficio de esta adición al proceso original de Bessemer fue el hecho de que para el acero de alto rendimiento ya no era necesario utilizar hierro de alto rendimiento y bajo contenido en fósforo. A partir de entonces, se hizo posible producirlo a partir de hierro fosforoso, que era más común tanto en Inglaterra como en Europa. La adición de los primos a la tecnología metalúrgica fue especialmente aclamada en Bélgica y Alemania, ya que les permitió producir más acero. Incluso los EE. UU., que tenían depósitos de hierro de alto rendimiento, adoptaron esta nueva tecnología. El resultado final de este nuevo paso en la industria del acero fue que el producto final era mucho más barato y de mayor calidad. Sin embargo, no fue el último.

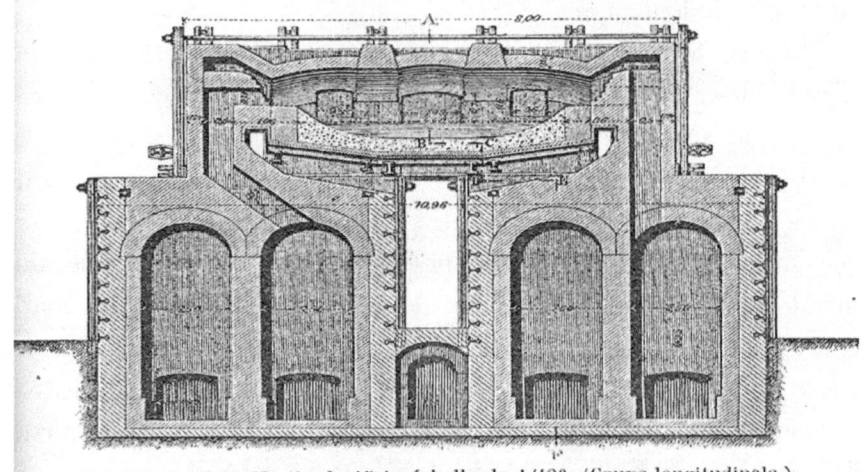

Un Siemens-Martin o un horno de solera abierta.
Fuente: https://commons.wikimedia.org

Casi paralelamente a Sir Bessemer, un inventor e industrial alemán que vivía en Inglaterra, Carl Wilhelm Siemens, comenzó a trabajar en la mejora de la técnica de los hornos. Su idea no era nueva, ya que básicamente reciclaba el calor residual. En su horno, los gases de escape se dirigían primero a través de una cámara de ladrillos, calentando los ladrillos a una alta temperatura. Luego se usaba el mismo camino para introducir aire caliente en el horno, elevando su temperatura. Mientras esa cámara estaba lo suficientemente caliente, otra se calentaba con los humos, y las dos cámaras de precalentamiento se alternaban en su uso. Las pruebas iniciales de 1857 fueron prometedoras, y para 1861, este horno se utilizó por primera vez para la fabricación de vidrio. Fue un verdadero éxito, ya que el consumo de combustible se redujo en un 70 por ciento. Sin embargo, Siemens todavía sentía que necesitaba más trabajo para ser perfecto. Mientras tanto, un ingeniero francés, Pierre-Emile Martin, adaptó la nueva técnica a la fabricación de acero en 1865. En lugar de luchar por la patente, los dos inventores acordaron compartirla en 1866, dando lugar al proceso Siemens-Martin, también conocido como el proceso de solera abierta. En 1869, este nuevo tipo de horno se comercializó en tres fundidoras de acero en Gran Bretaña y su uso fue creciendo lentamente.

El horno Siemens-Martin no solo ahorraba combustible, sino que además elevaba las temperaturas de fusión a entre 1600 y 1700°C, lo que era lo suficientemente alto como para eliminar casi todas las impurezas del acero. Además, no exponía el acero a un exceso de nitrógeno, lo que causaría que el acero se volviera más frágil, y era más fácil de controlar. Y lo más importante, permitió que una cantidad sustancial de desechos del acero se derritiera y refinara, introduciendo la idea del reciclaje en la industria siderúrgica. Gracias a eso, y al menor consumo de combustible, este tipo de fabricación de acero también redujo el costo del mismo. El único inconveniente del proceso de Siemens-Martin era que tardaba varias horas en terminarse. En cambio, el proceso de Bessemer se hacía en unos treinta minutos. De este modo, las dos formas de refinar el acero se complementaron y se convirtieron en la base de la industria siderúrgica hasta mediados del siglo XX, aunque cabe destacar que el proceso Siemens-Martin se hizo más dominante después de 1910. Sin embargo, con las contribuciones tecnológicas de varias naciones, la producción de acero en el mundo aumentó varias veces antes de la Primera Guerra Mundial, mientras que los precios siguieron bajando. A medida que el siglo XIX llegaba a su fin, el acero sustituyó al hierro como el metal más utilizado, ya que su uso abarcaba desde la construcción de barcos, edificios y ferrocarriles hasta cables, máquinas y calderas. Más tarde, incluso los bienes de consumo se hicieron con acero.

Junto al acero, que proporcionó la columna vertebral para nuevas construcciones y diseños en varios campos, llegaron nuevas fuentes de energía. La más notable y siempre importante fue la electricidad. El concepto central de la electricidad se conoció durante siglos en todo el mundo; sin embargo, a principios del siglo XIX, varios científicos importantes trabajaron de forma independiente para que la humanidad comprendiera mejor su poder. Entre ellos estaban los grandes como Michael Faraday, Alessandro Volta, Hans Christian Örsted, André-Marie Ampère y Georg Simon Ohm. Sus nombres permanecen grabados en la ciencia, ya que hoy en día se utilizan como varias unidades, así como su trabajo contribuye a explicar los fundamentos científicos de la electricidad. En 1821, Faraday incluso consiguió crear el primer motor eléctrico, dando los primeros indicios de lo que la electricidad era realmente capaz de hacer. Sin embargo, su trabajo permaneció en su mayor parte inaplicado hasta finales del siglo XIX, que fue cuando el concepto de electricidad se hizo más ampliamente aceptado no solo por los científicos sino también por los ingenieros e inventores. El primer paso para transformar la electricidad de una curiosidad científica en una parte esencial de la vida moderna fue encontrar una forma adecuada de generarla. Una vez más, Faraday fue un pionero en este campo. Alrededor de 1831, su generador, conocido como el disco de Faraday, logró producir un pequeño voltaje de corriente continua. El disco de Faraday era un simple disco de cobre que giraba entre los polos de un imán en forma de herradura.

Durante las siguientes dos décadas, este concepto fue mejorado por varios científicos diferentes de varias naciones, pero no fue hasta mediados de 1860 que fue mejorado lo suficiente para un uso industrial y comercial más amplio. Fue desarrollado simultáneamente y por separado por dos inventores ingleses, Sir Charles Wheatstone y Samuel Alfred Varley, así como por el ingeniero e industrial alemán Werner von Siemens, hermano de Carl Wilhelm. Sus generadores eléctricos, también conocidos como dínamos, usaban bobinas de alambre giratorias alrededor de una estructura estacionaria, que proporcionaban un campo magnético y producían electricidad por inducción. Los rotores de estos generadores fueron alimentados por primera vez con agua, y la primera central hidroeléctrica comenzó a funcionar en 1878 en Inglaterra. No pasó mucho tiempo antes de que los inventores se dieran cuenta de que también se podía utilizar el vapor, y a principios de 1882, Thomas Edison abrió la primera central eléctrica alimentada con carbón en Londres. Utilizaba el vapor para hacer girar la parte móvil de la dínamo. El matrimonio entre las viejas y las nuevas fuentes de energía llegó con la creación de una turbina de vapor por el ingeniero anglo-irlandés Charles Parsons en 1884. Utilizando un denso conjunto de aspas, estas turbinas lograron extraer más energía que los anteriores motores de vapor. Como las turbinas de vapor generan un movimiento giratorio, también son adecuadas para accionar los rotores de las dínamos. Gracias a estos inventos, la electricidad comenzó a extenderse por las naciones industrializadas.

Thomas Edison en la década de 1870 (el top) y Nikola Tesla en la década de 1890 (del fondo). Fuente: https://commons.wikimedia.org

Al mismo tiempo, numerosos inventores e ingenieros comenzaron a idear varios inventos que permitirían utilizar la electricidad para fines cotidianos. Entre los inventores más notables se encuentra el inventor y empresario estadounidense Thomas Edison, cuyas bombillas revolucionaron la industria de la iluminación, tomando el relevo de las compañías de gas. Aparte de eso, también trabajó en la generación de energía, cámaras de cine y fonógrafos, sentando las bases de los modernos medios de comunicación. A su lado, el inventor serbio Nikola Tesla, que una vez trabajó para Edison y más tarde se convirtió en su amargo rival, ideó un motor eléctrico de inducción que funcionaba con corriente alterna (CA), en oposición a la corriente continua (CC) de Edison. Esto llevó a la llamada guerra de las corrientes a finales de la década de 1880 y principios de la de 1890. La energía de CA finalmente ganó debido a su practicidad, aunque la de CC todavía se usa en varias formas. Sin embargo, el motor de inducción de Tesla hizo posible la creación de múltiples aparatos en las siguientes décadas. Inicialmente, esta electrificación se aplicó en varias industrias, produciendo herramientas y máquinas. Más tarde, en el siglo XX, se fabricó una amplia gama de productos de consumo. Es importante señalar que la electricidad fue rápidamente adoptada para su uso en el transporte, con tranvías eléctricos que se utilizaron ya a finales de la década de 1880. Algunos prototipos de automóviles de esa época también utilizaron motores eléctricos como fuente de alimentación, pero estos fueron dejados de lado por otro importante invento de finales del siglo XIX: el motor de combustión interna (ICE).

Sin embargo, el motor de combustión no se construyó inicialmente para la industria automotriz, de la cual se convirtió en sinónimo. Fue concebido como una fuente de energía para talleres más pequeños, para los cuales los motores de vapor eran demasiado costosos e ineficientes. El desarrollo inicial de estos motores comenzó a finales del siglo XVIII, pero no fue hasta la década de 1870 que los inventores alemanes Nicolaus Otto y Eugen Langen lograron construir el primer tipo de ICE ampliamente utilizado. Inicialmente, usó gas de carbón para causar una combustión controlada en un solo cilindro, que luego empujaba un pistón, creando energía cinética. Más tarde, este y otros motores similares también adoptaron el uso de la gasolina, pero a medida que se amplió la electrificación, su uso se extinguió. No obstante, otros inventores vieron su potencial, en particular Karl Bentz, Gottlieb Daimler y Wilhelm Maybach, que lo perfeccionaron y lo miniaturizaron aún más para poder utilizarlo en los automóviles. El primer automóvil funcional y disponible comercialmente fue fabricado por Bentz en 1886, trayendo otra revolución al transporte. La industria automotriz creció y se extendió rápidamente, y pronto Francia, Gran Bretaña y los EE. UU. siguieron su ejemplo. Los motores que usaban eran usualmente propulsados por gasolina o, menos comúnmente, por gas de carbón, mientras que el encendido se realizaba por una bujía. Luego, en 1892, otro inventor alemán, Rudolf Diesel, produjo un motor de encendido por compresión, también conocido como motor diesel. Llevó un par de años perfeccionarlo, pero este tipo de motor usaba la compresión para provocar la combustión.

El primer coche comercializado de Karl Bentz (el top) y la línea de montaje de Henry Ford (del fondo).
Fuente: https://commons.wikimedia.org

El diseño inicial de Diesel usaba polvo de carbón como combustible, pero también experimentó con aceites vegetales antes de conformarse con un destilado de petróleo que se conoció como combustible diesel. Sin embargo, la principal ventaja de un motor diesel era que tenía una alta eficiencia, lo que lo hacía adecuado no solo para automóviles sino también para otros vehículos de transporte más grandes como barcos, submarinos, trenes, camiones y aviones. A pesar de los avances en la fabricación de motores, no fue hasta principios del decenio de 1910 que los automóviles se hicieron más accesibles y asequibles, gracias sobre todo a Henry Ford, un industrial y magnate empresarial estadounidense. Su visión de hacer un automóvil lo suficientemente barato para que los trabajadores lo poseyeran le llevó a ser pionero en la línea de montaje. Ford y sus ingenieros rediseñaron la disposición de la fábrica, las herramientas mecánicas y las maquinarias para fines especiales, de modo que todas se posicionaron en su secuencia de uso. Además, se redujo el movimiento humano colocando las herramientas para cada trabajador a su alcance, mientras que los productos se movían a través de una cinta transportadora entre ellos. Esto era posible porque, para entonces, la electricidad, las herramientas eléctricas y las máquinas estaban lo suficientemente avanzadas, mientras que las piezas intercambiables ya eran un estándar en la industria. Con eso, se creó una verdadera producción en masa moderna. El concepto en sí mismo fue rápidamente adoptado por otros sectores.

La industria automotriz también ayudó al surgimiento de la industria del petróleo. El petróleo crudo se había utilizado durante milenios para varios propósitos, desde la fabricación de alquitrán hasta su uso en armamento inflamable. Sin embargo, su uso industrial fue descubierto en 1847 cuando el químico escocés James Young hizo su primer destilado moderno, separando el petróleo del queroseno (también conocido como parafina), del aceite ligero adecuado para la iluminación y del aceite pesado adecuado para la lubricación de la maquinaria. Al ser fácil de usar y relativamente barato, el queroseno se convirtió en el principal combustible para la iluminación, la calefacción y la cocina, causando un auge en la producción de petróleo a finales de la década de 1850. A esto contribuyó el hecho de que la moderna refinería de petróleo fue ideada y construida por Ignacy Łukasiewicz, un farmacéutico polaco que trabajaba en Austro-Hungría, en 1856. Al mismo tiempo, comenzaron a aparecer modernos pozos de petróleo en todo el mundo, aunque es difícil afirmar cuál de ellos debería ser el primero en ostentar tal título. Incluso antes de la invención de Young, el mayor ruso Alexeyev y su unidad de ingeniería perforaron a mano un pozo en la región de Bakú, en la actual Azerbaiyán, en 1846. Algunos pozos fueron excavados o perforados a mano en Polonia en 1853 y luego en Alemania, Rumania y el Caribe en 1857. Sin embargo, el único pozo excavado por Edwin Drake en Pensilvania en 1859 suele recibir el crédito, ya que fue perforado con una máquina accionada por vapor. Además, el pozo de Drake causó una gran explosión en la industria petrolera de los EE. UU.

A pesar de ello, la Rusia imperial siguió siendo el mayor productor y exportador de petróleo hasta principios del siglo XX, mientras que la industria petrolera en general siguió creciendo. A principios del siglo XX, el aumento de la demanda de gasolina y combustible diesel solo ayudó a la industria petrolera a desarrollarse más, mientras que se descubrieron nuevos yacimientos en todo el mundo, como en Venezuela, Persia, México y las Indias Orientales. El auge de la industria petrolera también ayudó al crecimiento de la industria química; a finales del siglo XIX y principios del XX, varios químicos crearon varios materiales plásticos, en parte utilizando productos derivados del petróleo fabricados mediante el proceso de polimerización. El más famoso de ellos es el PVC, que fue creado por accidente en 1872 por un químico alemán llamado Eugen Baumann. Sin embargo, los plásticos siguieron siendo en su mayor parte una novedad hasta la década de 1920, cuando realmente comenzaron a utilizarse a mayor escala. También vale la pena señalar que no todos los plásticos provienen de los derivados del petróleo. Por ejemplo, el celuloide, el primer material plástico creado en 1856 por el inventor inglés Alexander Parkes, y el celofán, inventado por el químico suizo Jacques Brandenberger en 1910, se fabricaron a partir de un compuesto orgánico llamado celulosa. Además de los plásticos, la industria química hizo otros avances notables a finales del siglo XIX y principios del XX.

El químico belga Ernest Solvay ideó un nuevo proceso para producir ceniza de soda en 1861, reemplazando el antiguo proceso

Leblanc. Construyó una alta torre de absorción de gas, donde el dióxido de carbono de la piedra caliza pasaba a través de la salmuera marina, que producía carbonato de sodio. El proceso era bastante eficiente, barato y capaz de fabricar a gran escala. Como resultado, el proceso Solvay se extendió rápidamente por todo el mundo, aumentando considerablemente la producción de ceniza de sosa. Aproximadamente al mismo tiempo, el primer tinte sintético, el malva, fue descubierto accidentalmente por el químico inglés William Henry Perkins en 1856. Se adoptó rápidamente en la industria textil, ya que era un tinte púrpura, que era difícil de producir a partir de una fuente natural y por lo tanto era caro. Después de su éxito inicial, se crearon otros tintes sintéticos, que cambiaron la industria textil en el proceso. Otro avance notable fue el de los hermanos Lever, que eran empresarios ingleses que se asociaron con un químico llamado William Hough Watson. Juntos, comenzaron la producción industrial de jabón en 1885, que se basaba en la glicerina y los aceites vegetales. Hubo muchos otros inventos en este período, algunos de los cuales estaban incluso vinculados a la guerra, como el proceso de cloralcalina. Desarrollado en la década de 1890, este fue un proceso para la producción industrial en masa de gas de cloro a través de la electrólisis de la salmuera. Sin embargo, uno de los avances más importantes en la industria química llegó en forma de un fertilizante.

La idea de añadir aditivos con propiedades nutritivas al suelo no era nueva. Incluso durante la primera ola de la Revolución Industrial, algunos de los agricultores en Francia y Alemania experimentaron con la adición de yeso a la tierra. Sin embargo, el primer gran avance científico se produjo en 1842 cuando el agricultor y empresario inglés John Bennet Lawes patentó su abono artificial. Después de realizar experimentos durante años, descubrió que, tratando los fosfatos con ácido sulfúrico, se podía hacer un fertilizante eficaz. Así, dio inicio a la industria del estiércol artificial. El siguiente gran paso fue dado por el químico francés Jean-Baptiste Boussingault, quien se dio cuenta de que el nitrógeno era el ingrediente más importante de los fertilizantes. Sus experimentos mostraron que el crecimiento de las plantas era proporcional al volumen de nitrógeno absorbible disponible. Ese descubrimiento condujo al aumento de la demanda de amoníaco, un compuesto de nitrógeno e hidrógeno, que era difícil de sintetizar a mediados del siglo XIX. Durante las dos décadas siguientes, no hubo grandes avances hasta principios del siglo XX, cuando la industria de los fertilizantes experimentó un gran auge. El primer paso se dio en 1902 cuando el químico alemán Wilhelm Ostwald ideó un método para producir ácido nítrico a partir del amoníaco. El ácido nítrico fue entonces utilizado para la producción de fertilizantes. Sin embargo, la cuestión principal seguía siendo la producción de amoníaco, que seguía siendo costosa y difícil.

En 1903, el científico noruego Kristian Birkeland y su socio Sam Eyde desarrollaron el proceso Birkeland-Eyde. A través de un proceso químico conocido como fijación de nitrógeno, produjeron ácido nítrico a partir del nitrógeno atmosférico. Al lograr esto, la demanda de amoníaco fue desviada. Sin embargo, este proceso era bastante ineficiente en cuanto al consumo de energía y fue rápidamente reemplazado por una nueva tecnología desarrollada en Alemania. En 1909, un químico alemán llamado Fritz Haber descubrió un nuevo proceso químico para sintetizar amoníaco a partir del nitrógeno atmosférico y el metano, con la ayuda de altas temperaturas y catalizadores metálicos. Más tarde, recibió el premio Nobel por su trabajo en este campo. Sin embargo, el verdadero potencial del proceso de Haber fue desbloqueado por otro químico galardonado con el Nobel: Carl Bosch. Continuó trabajando en la investigación de Haber, mejorándola al encontrar un catalizador metálico más práctico y diseñando hornos seguros de alta presión y grades compresores. Para 1913, había transformado el proceso de Haber de un experimento de mesa a un método de fabricación industrial a gran escala. Por eso hoy en día se le llama a veces el proceso Haber-Bosch. Este método también llamó la atención de la industria militar, ya que el amoníaco podía ser utilizado para producir explosivos. Sin embargo, hoy en día, sigue siendo un elemento básico en la industria de los fertilizantes cuando se combina con el proceso de Ostwald. Juntos, estos dos desarrollos causaron un gran aumento de la producción agrícola en el siglo XX.

Montaje del primer reactor de amoníaco en 1913 para el proceso Haber-Bosch (el top) y Fritz Haber (del fondo).
Fuente: https://commons.wikimedia.org

Los logros en la industria química llevaron a avances en otros sectores también. Un gran ejemplo de ello es el desarrollo del proceso de vulcanización, un método de endurecimiento químico del caucho con azufre. Fue desarrollado independientemente por Thomas Hancock en Gran Bretaña y Charles Goodyear en los Estados Unidos, y ambos patentaron el mismo proceso en 1845 con tres semanas de diferencia. Esto dio lugar a la moderna industria del caucho, ya que el nuevo material demostró ser bastante versátil. Sin embargo, la contribución más notable de la vulcanización fue que hizo posible la creación de neumáticos. La adición de una capa de caucho en las ruedas de madera hizo que el viaje fuera algo más cómodo, y en 1881, se utilizaron en los autocares de Londres. El neumático de goma cumplió con su potencial cuando el veterinario e inventor escocés John Boyd Dunlop desarrolló una versión neumática. Técnicamente reinventó el neumático en 1888, ya que había una patente antigua y olvidada hecha por su compatriota Robert William Thomson en 1847, que nunca entró en producción. Dunlop desarrolló el neumático de goma lleno de aire para hacer más cómodos los paseos en bicicleta de su hijo. La nueva tecnología se impuso rápidamente, ya que coincidió con el llamado "boom de la bicicleta". La bicicleta en sí era un nuevo invento, diseñado por el ingeniero británico Harry John Lawson en 1876. Después de su invención, casi inmediatamente entró en producción y uso comercial. En la década de 1890, este nuevo medio de transporte, que era a la vez barato y práctico, se convirtió en la última moda.

Sin embargo, el neumático, y el caucho en general, tuvieron sus lazos más simbióticos con la industria automotriz. A medida que los automóviles también ganaban popularidad, los fabricantes de automóviles se dieron cuenta muy pronto de las ventajas de equipar sus coches con neumáticos. Además, el caucho también se utilizó para fabricar diversas piezas de automóviles, por ejemplo, mangueras, juntas y amortiguadores. Así, la industria del caucho, junto con la industria química, que ayudó en el refinado de la gasolina, ayudó a la evolución del automóvil en el siglo XX. Estos avances fueron, a su vez, apoyados por el desarrollo del asfalto y el hormigón asfáltico. Ambas superficies viales habían existido desde tiempos antiguos, pero su desarrollo moderno llegó a finales del siglo XIX y principios del XX. La idea detrás de ellos era hacer una superficie de conducción más lisa mezclando arena y grava con un material aglutinante. En el caso del asfalto, era alquitrán, mientras que, en el hormigón asfáltico, era asfalto, también conocido como betún. Cabe señalar que ambas sustancias están vinculadas con el petróleo, siendo el primero su destilado y el segundo un estado natural semisólido del petróleo. Con carreteras más lisas, la velocidad del transporte terrestre aumentó considerablemente, permitiendo a los coches y camiones alcanzar velocidades más altas.

Otros medios de transporte también avanzaron. Las redes ferroviarias crecieron en todas las naciones. Gracias al acero más barato, incluso los países más pequeños y pobres comenzaron a construir sus propios ferrocarriles en los últimos años del siglo XIX y a principios del XX. Además, con los avances en las máquinas de vapor, los trenes también se hicieron más rápidos y capaces de arrastrar cargas más pesadas. El transporte acuático también avanzó significativamente al mismo tiempo. Primero, en la década de 1830, se inventó la hélice, y a finales de la década de 1840, su uso se había extendido. Los barcos de vapor eran ahora capaces de alcanzar una mayor velocidad, que solo se incrementó con los futuros avances en los motores de vapor. Simultáneamente, los barcos crecieron en tamaño y capacidad de carga. En el decenio de 1870, las máquinas de vapor se perfeccionaron lo suficiente como para que los buques se construyeran sin velas, ya que eran capaces de atravesar vastos océanos sin tener que detenerse. El siguiente paso importante fue la sustitución de la madera por el hierro y más tarde por el acero. Esto llevó a la aparición de nuevos tipos de acorazados, e incluso los buques de comercio y de crucero se hicieron más duraderos. A principios del siglo XX, varias armadas comenzaron a construir sus barcos con motores diesel. Con la excavación del canal de Suez en 1869 y el canal de Panamá en 1914, el mundo se interconectó aún más, ya que ambas vías fluviales acortaron significativamente los viajes a Asia y a la costa oeste de América, respectivamente.

Cabe señalar que, a finales del siglo XIX, la humanidad estaba trabajando duro para lograr volar. Había muchos ingenieros trabajando en la conquista de los cielos, pero fueron los famosos hermanos Wright los que hicieron el primer viaje aéreo en 1903. Su Wright Flyer fue la primera aeronave controlada con éxito, más pesada que el aire y propulsada por un motor. Los aviones continuaron evolucionando rápidamente durante las siguientes décadas. Sin embargo, su pleno potencial solo se alcanzó después de la década de 1930. Por lo tanto, su influencia en la Revolución Industrial fue algo limitada.

Sin embargo, con los avances generales en el transporte, el mundo se estaba haciendo cada vez más pequeño y más globalizado. Esta noción de una sociedad global solo se vio favorecida por el avance de las tecnologías de la comunicación. El invento más importante que dio forma al siglo XIX fue el telégrafo. La idea nació en el siglo XVIII, y se desarrollaron algunos telégrafos ópticos iniciales, sobre todo en la Francia napoleónica. Sin embargo, el primer sistema electromagnético verdadero fue desarrollado en 1833 por Carl Friedrich Gauss, un famoso matemático y físico alemán, y Wilhelm Eduard Weber, otro físico alemán. En un par de años, su nuevo sistema de comunicación se aplicó comercialmente en Inglaterra. No pasó mucho tiempo antes de que las líneas de telégrafo comenzaran a conectar las grandes ciudades de todo el mundo, eventualmente creciendo en una única y extensa red.

Una máquina de telégrafo de 1830 con código Morse (el top) y la exposición de Bell de 1892 de su teléfono.
Fuente: https://commons.wikimedia.org

Al estandarizar las señales en el código Morse que aún se utiliza y al tender líneas intercontinentales, sobre todo el cable transatlántico en 1866, el telégrafo comenzó a conectar el mundo entero. Además, en la década de 1840, Gran Bretaña creó un sistema de correos centralizado, introduciendo sellos y un sistema de entrega organizado. Mejoró el envío del correo, añadiendo otra capa de comunicación a la nación, ya que el telégrafo solo era adecuado para mensajes cortos. La velocidad de entrega del correo se incrementó cuando el ferrocarril comenzó a transportar la carga postal oficial, y los camiones también fueron adoptados a principios del siglo XX como medio de transporte local. No pasó mucho tiempo antes de que otras naciones copiaran el modelo británico. Sin embargo, el avance más notable en comunicaciones realizado en el siglo XIX fue la invención del teléfono. En la década de 1870, varios inventores corrían para fabricar un teléfono funcional, y Alexander Graham Bell ganó la carrera al obtener una patente en 1876. Sin embargo, todavía hay algunas disputas sobre el tema, a pesar del éxito de Bell tanto en el ámbito comercial como en el área de la funcionalidad. Poco después de su logro, en el mismo año, el ingeniero húngaro Tivadar Puskas desarrolló un conmutador de teléfono mientras trabajaba para Thomas Edison, permitiendo que surgieran redes telefónicas. Al principio, estas redes eran locales, pero a finales del siglo XIX y principios del XX, las líneas telefónicas atravesaban países enteros, aunque el teléfono siguió siendo un producto básico de clase alta o al menos media hasta después de la Primera Guerra Mundial.

El auge del telégrafo y el teléfono facilitó la difusión de la información, permitiendo que las noticias viajaran más rápido que cualquier tren o automóvil. Sin embargo, para que las noticias lleguen a una mayor audiencia, los medios de comunicación necesitaban crecer con la tecnología. Los periódicos no solo eran los más importantes sino también los únicos medios disponibles durante toda la Revolución Industrial. Su auge inicial, que se produjo por el desarrollo de la máquina de fabricación de papel Fourdrinier, solo se amplió con los nuevos avances tecnológicos en el decenio de 1840. El maquinista alemán Friedrich Gottlob Keller y el inventor canadiense Charles Fenerty desarrollaron un dispositivo que podía fabricar mecánicamente pasta de papel a partir de madera, haciendo que la fabricación de papel fuera más fácil, rápida y barata. El potencial de estos nuevos métodos fue utilizado por primera vez por la industria del periódico. Aproximadamente al mismo tiempo, la imprenta de vapor fue avanzada por el inventor estadounidense Richard M. Hoe. En 1843, ideó una prensa de impresión rotativa a vapor. En este diseño, el texto que se imprimía se curvaba alrededor de un cilindro y se prensaba en un rollo continuo de papel, facilitando la impresión de una gran cantidad de papel. En la década de 1870, Hoe perfeccionó el diseño, permitiendo que la prensa rotativa imprimiera ambos lados de una hoja en un solo proceso. Con tales avances, los periódicos se volvieron cada vez más baratos y más accesibles. En el siglo XX, los periódicos se convirtieron en los primeros medios de comunicación masivos. A esto contribuyó el hecho de que la alfabetización creció inmensamente en el siglo XIX.

El desarrollo de la fotografía también ayudó al avance de los medios de comunicación. La primera fotografía exitosa fue tomada en 1822 por un inventor francés llamado Nicéphore Niépce. Fue el resultado de la evolución de la cámara oscura, con la imagen grabada sobre una placa de aleación metálica recubierta de betún sensible a la luz. A pesar de la enorme importancia de este invento, la toma de una simple foto podía llevar horas, y los resultados eran imágenes pálidas. Cabe señalar que las fotografías tomadas por las primeras cámaras eran negativos que necesitaban ser impresos en papel, y las fotos en sí mismas eran en blanco y negro. Durante las dos décadas siguientes, numerosos inventores e ingenieros trabajaron en la mejora del proceso. A finales de la década de 1830, el químico británico John Herschel reemplazó las placas de metal por vidrio recubierto con algún tipo de químicos sensibles a la luz. Acuñó el término "fotografía" y aplicó los términos "positivo" y "negativo" a la nueva tecnología. Otros mejoraron los productos químicos que se utilizaban en el proceso, acortando significativamente el tiempo de exposición. La tecnología y los mecanismos de la cámara también se desarrollaron a lo largo de las décadas. En el decenio de 1870, se podía tomar una fotografía en menos de un segundo. La siguiente mejora notable fue hecha por George Eastman, un empresario americano que fundó la compañía Kodak. Primero reemplazó las incómodas placas de vidrio por película de papel en 1884, y luego por una película plástica hecha de nitrocelulosa altamente inflamable en 1889. Eastman también colaboró en hacer las cámaras más pequeñas y fáciles de usar. Después de esto, la fotografía se convirtió poco a poco en parte de la vida cotidiana, y se fue haciendo cada vez más importante en la difusión de las noticias.

El auge de la fotografía también inspiró el nacimiento de las imágenes en movimiento. Los pioneros del cine fueron Eadweard Muybridge, un fotógrafo inglés, y Émile Reynaud, un inventor francés. A finales de la década de 1870, habían creado su versión en stop-motion de las imágenes en movimiento mostrando imágenes fijas tomadas por cámaras normales en una rápida sucesión. A finales del decenio de 1880, el principio se amplió con la creación de varias cámaras de cine diferentes, que podían tomar una rápida secuencia de fotografías en película. Probablemente la más famosa fue la Kinetograph de Edison en 1891, que fue diseñada según las instrucciones de su empleado escocés William Kennedy Laurie Dickson. No muy lejos estaba la cámara Lumière Domitor, que fue creada por Charles Moisson en 1894 mientras trabajaba para los hermanos Lumière, famosos cineastas franceses. Sin embargo, a pesar de ganar popularidad como atracción, las películas siguieron siendo algo novedoso hasta después de la Primera Guerra Mundial y el auge de la industria cinematográfica de Hollywood.

La radio, otro invento de finales del siglo XIX, corrió una suerte similar. El primer paso para crear un nuevo tipo de comunicación se dio en 1888 cuando el físico alemán Heinrich Rudolf Hertz encontró pruebas concluyentes de la existencia de las ondas de radio electromagnéticas. Los experimentos para usar estas nuevas ondas de comunicación se extendieron rápidamente entre inventores y científicos como Nikola Tesla, Oliver Joseph Lodge, Jagadish Chandra Bose, y Alexander Stepanovich Popov, por nombrar algunos. Sin embargo, en 1896, un joven empresario italiano, sin formación de ingeniería o científica, llamado Guglielmo Marconi patentó el primer telégrafo inalámbrico.

Marconi, sentado frente a su máquina de radiotelegrafía.
Fuente: https://commons.wikimedia.org

Marconi no hizo ninguna mejora significativa por su cuenta. Simplemente compiló el trabajo de otros ingenieros y lo patentó para sí mismo. A pesar de eso, esta nueva forma de comunicación se impuso rápidamente, especialmente en la Marina, ya que significaba que los barcos podían comunicarse a través del mar vacío. La falta de experiencia de Marconi fue evidente cuando no se dio cuenta de que la voz podía ser transmitida con ondas de radio, limitando su tecnología solo para el uso del código Morse. Este importante paso en el desarrollo de la radio lo dio un inventor canadiense, Reginald Aubrey Fessenden. A finales de 1900, hizo la primera transmisión de radio de una voz humana, aunque esto a veces se discute, ya que un sacerdote e inventor brasileño, Roberto Landell, también hizo una transmisión similar el mismo año. Sin embargo, Fessenden hizo la primera transmisión pública en 1906 de su propia voz y una pieza musical, que fue escuchada por numerosos barcos a través del Atlántico. A principios del siglo XX, la tecnología de la radio avanzó rápidamente, con mejoras en las antenas, los amplificadores y los receptores, que fueron realizadas por varios ingenieros e inventores. En la víspera de la Primera Guerra Mundial, todo estaba listo para que la radio se utilizara en masa. Sin embargo, la guerra interrumpió este desarrollo. Las vías aéreas se reservaron para los militares, mientras que la necesidad de usar auriculares también disminuyó la practicidad de la radio. Esto cambió después de la Gran Guerra, y las estaciones de radio comenzaron a aparecer, mientras que los aparatos de radio comenzaron a entrar en los hogares, transmitiendo tanto las noticias como el entretenimiento.

Los inventos, las mejoras de las tecnologías existentes y los avances generales mencionados hasta ahora son solo algunos de los más notables, los que causaron cambios masivos en la economía mundial. Gracias a ellos, el mundo produjo más que antes, se acercó más por la rapidez de los viajes y el transporte, y permitió que la información se difundiera casi instantáneamente. Sin embargo, hubo muchos otros avances realizados en el mismo período que también cambiaron las vidas humanas. Por ejemplo, la medicina se desarrolló enormemente. Louis Pasteur, un químico y microbiólogo francés, descubrió el principio de la vacunación y, durante la década de 1880, fabricó las primeras vacunas para la rabia, el cólera aviar y el ántrax. Además, también inventó el llamado proceso de pasteurización, en el que los alimentos se tratan con calor suave para prolongar su vida útil eliminando varios patógenos. Las vacunas prolongaron la vida de los seres humanos, mientras que la pasteurización hizo posible que los alimentos empaquetados duraran más, permitiéndoles soportar un transporte prolongado. Hay otros ejemplos similares, aunque tal vez menos famosos, en otras disciplinas también. Para 1914, el mundo había cambiado considerablemente, y sería difícil mencionar todos los inventos que lo hicieron posible.

Con el continuo crecimiento de los ingresos y la producción, las empresas se expandieron también. La idea de las grandes empresas se convirtió en la base de todos los países industrializados a finales del siglo XIX. Se dio un nuevo paso cuando las empresas comenzaron a fusionarse, creando conglomerados de proporciones sin precedentes. Los ejemplos más notables fueron la formación de U.S. Steel, por J. P. Morgan, quien, en 1901, fusionó varias empresas siderúrgicas, incluyendo una anteriormente propiedad de Carnegie, en una corporación gigante. Fue la primera compañía moderna de miles de millones de dólares en el mundo. Una fusión similar, esta vez de varias compañías eléctricas de EE. UU., fue la General Electric de Edison en 1892. Estas corporaciones continuaron dominando sus ramas en la industria, a menudo creando monopolios sobre sus productos o servicios, mientras que sus ingresos e influencia comenzaron a rivalizar con los de algunos estados más pequeños. Para dirigirlos con éxito, las compañías tuvieron que mejorar sus burocracias. Para lograrlo, el anterior estilo de gestión, que a menudo dependía únicamente de la destreza de su propietario, fue sustituido por una operación más organizada y profesional. En primer lugar, empresas enteras se dividieron en unidades organizativas más pequeñas, por ejemplo, departamentos de contabilidad, ventas e ingeniería. A continuación, se incorporaron nuevos gerentes y empleados, formados para dirigir estas unidades. Estas reformas de la gestión alcanzaron su punto culminante con la llegada del taylorismo, llamado así en honor a Frederick Winslow Taylor, que abogó por el uso de principios científicos de medición, análisis y estadísticas para mejorar la eficiencia. Sus ideas, a pesar de que nunca se llevaron a la práctica en su totalidad, revolucionaron la forma en que se gestionaban las empresas a partir de la década de 1890.

En general, para la Primera Guerra Mundial, la tercera fase de la Revolución Industrial, también llamada la Segunda Revolución Industrial, logró remodelar el mundo. Se crearon nuevos métodos de producción, se descubrieron nuevas fuentes de energía y combustibles, se desarrollaron materiales innovadores y se crearon nuevas industrias. Y a diferencia de la primera ola de innovación industrial, esta vez, el progreso no se centró en un solo país. La industrialización se fue ampliando, y los avances en la fabricación y la tecnología fueron realizados por ingenieros, científicos e inventores de varias nacionalidades, haciendo de esta fase de la Revolución Industrial un evento verdaderamente internacional. Más importante aún, para entonces, la rueda del cambio se puso en marcha, y ya no podía detenerse.

Capítulo 6 – Efectos de la Transformación

Cuando pensamos en la Revolución Industrial, con frecuencia tendemos a centrarnos únicamente en cómo cambió la producción y la economía, estableciendo los inventos y los avances como nuestro tema principal. Sin embargo, no importa cuán determinantes hayan sido estos avances, fueron solo una parte del cambio provocado por la industrialización. Toda la forma de vida de las personas cambió tanto que las personas que vivían a principios del siglo XVIII podían relacionarse más con sus antepasados de la antigüedad que con sus descendientes del siglo XIX. Por lo tanto, para apreciar plenamente los cambios traídos por la aparición de la industria, tenemos que echar un vistazo a todos los efectos que tuvo en otros aspectos de la existencia humana.

La primera pregunta que típicamente viene a la mente es cuánto mejoró la calidad de vida durante la Revolución Industrial. Sería fácil asumir que se disparó, ya que la producción alcanzó su máximo y los bienes se volvieron más baratos. Por lo tanto, sería lógico que la calidad de vida de un humano promedio mejorara drásticamente. Sin embargo, esto se ha convertido en un tema de considerable debate entre los estudiosos en las últimas décadas. Una de las razones de esta disparidad de opiniones son las diferentes estimaciones del aumento de los salarios reales, al menos en el caso de Gran Bretaña. Por un lado, la aproximación más optimista afirma que los trabajadores británicos vieron un aumento de aproximadamente el 50 por ciento de sus salarios reales entre 1780 y 1830. En combinación con el crecimiento estimado del producto interno bruto (PIB) de alrededor del 25 por ciento durante el mismo período, estos datos sugieren una asombrosa mejora del nivel de vida en Gran Bretaña. Sin embargo, la estimación pesimista detiene el crecimiento de los salarios reales en alrededor del 15 por ciento, que está por debajo del crecimiento del PIB. El otro lado de esta situación es posicionar a Gran Bretaña en un contexto europeo más amplio. Incluso si se considera que el porcentaje de crecimiento más bajo es exacto, sigue siendo más alto que el resto de la Europa continental, que experimentó un estancamiento o incluso una caída de los salarios reales debido a las guerras napoleónicas.

Si continuamos siguiendo la cuestión de los salarios en el siglo XIX, teniendo en cuenta ahora el resto de Europa, hay algunos indicios de un aparente aumento de los salarios. En la década de 1870, hubo un aumento en el ingreso promedio por cabeza, que fue de entre el 50 y el 200 por ciento en comparación con el siglo XVIII. La considerable diferencia entre estas dos cifras se debe al hecho de que grandes partes de Europa del Sur y del Este no estaban aún industrializadas; por lo tanto, su crecimiento era mucho menor. La tendencia de un mayor crecimiento de los ingresos continuó en la última fase de la Revolución Industrial hasta el comienzo de la Gran Guerra. A partir de estas cifras, el cuadro general que surge es que la industrialización trajo, de hecho, el crecimiento de los ingresos, incluso para las clases más bajas, aunque su aumento parece haber sido menos que estelar. De hecho, muestra signos de una mejora más gradual. Sin embargo, este no es el aspecto más crucial de la economía industrializada. Su mayor logro es probablemente el hecho de que logró romper el ciclo salarial. En el pasado, el crecimiento de los salarios causó un crecimiento de la población. Esto, a su vez, causó la disminución de los salarios debido al aumento de la fuerza de trabajo, lo que llevó a una disminución de la población. Por el contrario, con la llegada de la Revolución Industrial, tanto la población como los salarios lograron continuar su crecimiento, permitiéndoles salir del estancamiento milenario.

A pesar de este monumental logro, el mero hecho de mirar los salarios de este período podría dar una idea equivocada de lo dura que era la vida del trabajador medio, especialmente en los primeros días de la era industrial. Los salarios eran a menudo tan bajos que más de un miembro de la familia tenía que trabajar para que las necesidades de todos los miembros de la familia pudieran mantenerse. Y a medida que el consumismo crecía, también lo hacía la necesidad de dinero. En la época preindustrial, al menos algunas de las cosas utilizadas en el hogar, como, por ejemplo, ropa o utensilios básicos, podían ser hechas en casa. Esto cambió durante la Revolución Industrial, ya que estos artículos tenían que ser comprados. Por lo tanto, aunque los precios estaban bajando, se tenían que comprar más artículos, añadiendo una tensión adicional en el presupuesto del hogar. Teniendo esto en cuenta, el aumento de los salarios no significa necesariamente un estilo de vida más relajado. El equilibrio entre ambos se inclinó un poco con la llegada de la producción en masa a principios del siglo XX. Con ella, los precios de varios artículos cayeron considerablemente, mientras que, como se ha señalado anteriormente, los salarios continuaron su aumento constante, permitiendo una vida más cómoda, incluso para el trabajador común. Sin embargo, la mayor presión sobre el presupuesto familiar fue la comida. El precio de los alimentos se mantuvo relativamente alto, ya que los avances agrícolas de las fases iniciales de la Revolución Industrial no fueron suficientes para reducir los costos de los alimentos. La población creció con la producción, evitando una disminución de los precios.

Una pintura francesa de finales del siglo XIX, que representa a los trabajadores en una fragua. Fuente: https://commons.wikimedia.org

Mientras que, en épocas anteriores, incluso las clases más bajas del campo podían cultivar al menos algo de comida en sus patios traseros, esto se hizo bastante difícil, si no imposible, en las ciudades. La mayoría de la fuerza laboral urbana no tenía ningún tipo de jardín para plantar nada más que algunas hierbas en macetas. Cultivar su propia comida adicional ya no era una opción para ellos. Por lo tanto, muchas de las clases bajas permanecían al borde de la desnutrición, algunos incluso muriendo de hambre. Estos problemas se redujeron un poco con los avances en el transporte por ferrocarril y canales, ya que una distribución de alimentos más barata significaba alimentos más asequibles. El verdadero avance se produjo una vez más a finales del siglo XIX, con los avances en los fertilizantes y la maquinaria agrícola mecanizada. Solo después de estos avances la mayoría de la población se alimentó adecuadamente, aunque, por supuesto, siempre hubo algunos que siguieron pasando hambre. Esto se corrobora por el hecho de que la estatura media de los seres humanos aumentó en esa época, lo que la mayoría de los estudiosos relaciona con una mejor alimentación, aunque también contribuyeron otros factores ambientales. A principios del siglo XX, las naciones industrializadas ya no temían a las sequías y a las bajas cosechas.

Aunque seguían planteando un problema, ya no amenazaban con colapsar toda la economía, como solía ocurrir en los siglos anteriores. Esto fue posible no solo por los considerables excedentes que podían acumularse en los años buenos, sino también porque era posible importar cantidades suficientes de alimentos de otras naciones o regiones que no se habían visto afectadas por los mismos problemas.

Sin embargo, según los estudiosos, la mejor señal de la disminución de la desnutrición que trajo consigo la Revolución Industrial fue el hecho de que el promedio de vida pasó de unos treinta a treinta y cinco años a principios del siglo XVIII a unos cuarenta o cuarenta y cinco años a principios del siglo XX. Por supuesto, este aumento no fue causado únicamente por una mejor dieta. Las mejoras en la medicina también ayudaron, así como los avances en la infraestructura. Por ejemplo, el agua corriente fresca fue introducida en las ciudades a finales del siglo XIX, ya que se utilizaron bombas de agua accionadas por motores de vapor. Aproximadamente al mismo tiempo, se mejoraron la plomería y las canalizaciones, haciendo las ciudades considerablemente más limpias. Sin embargo, al igual que muchas mejoras traídas por la Revolución Industrial, estas llegaron en las últimas etapas. Inicialmente, estas condiciones empeoraron con la llegada de la industria a gran escala. Las fábricas vertían sus materiales de desecho en los ríos, contaminando el agua potable. Además, las ciudades crecían demasiado rápido; por lo tanto, las alcantarillas no eran, en su mayoría, capaces de hacer frente al aumento de la población. Por lo tanto, las grandes ciudades, especialmente las que se industrializaron, eran lugares sucios, malolientes y desordenados. Debido a ello, las ciudades se convirtieron en el principal lugar de propagación de enfermedades infecciosas como el cólera, que se propagaba a través del agua contaminada.

Había, por supuesto, otras condiciones que afectaron la situación de vida de las clases bajas durante la Revolución Industrial. Por un lado, la vivienda fue un problema durante mucho tiempo, ya que los trabajadores se trasladaban a las ciudades más rápido de lo que se podían construir nuevas casas. Para acelerar el crecimiento de la vivienda, se construyeron barrios marginales y caseríos. Casas pequeñas y sencillas, a menudo hechas con materiales baratos y a veces incluso con suelos de tierra, apenas cubrían las necesidades vitales básicas, si es que lo hacían. Para empeorar las cosas, a veces más de una familia vivía en una de estas casas. Ese tipo de aglomeración también contribuyó a la propagación de enfermedades, sobre todo la tuberculosis. Comparado con la vida en el campo, donde había suficiente espacio, aire fresco y agua limpia, esto era un paso atrás considerable, pero el incentivo económico era suficiente para continuar el crecimiento de la clase trabajadora. Desde su perspectiva, si se quedaban en las zonas rurales, donde no había trabajo, se morían de hambre. En las ciudades, había al menos una oportunidad de sobrevivir. Debido a esto, las ciudades continuaron creciendo, mientras que las naciones industrializadas pasaron a sociedades urbanizadas. Gran Bretaña y los Países Bajos fueron los primeros países en los que la población urbana superó a la rural, mientras que otros, como Alemania y Francia, lo lograron más tarde en el siglo XIX. Los EE. UU. fueron una especie de excepción entre las naciones industrializadas. Debido a la economía agrícola del sur y a la expansión hacia el oeste, su población urbana superó a la rural solo durante la década de 1910.

Además de las condiciones de vida, la clase obrera también se vio afectada por las condiciones de trabajo. Las fábricas de la temprana era industrial eran notoriamente peligrosas. La seguridad en el trabajo era normalmente una de las preocupaciones más insignificantes para los propietarios. Por lo tanto, no era raro que los trabajadores fueran heridos, mutilados o incluso asesinados. Los mineros sufrían un destino similar. Si eso no era suficiente, tenían que trabajar largas horas, típicamente entre diez y doce horas por día. Para empeorar aún más las cosas, los niños solían ser empleados, tanto en las fábricas como en las minas. Cuando eran niños, se les pagaba menos. Sin embargo, su menor tamaño los hacía perfectos para trabajos específicos como bajar por un estrecho pozo minero. Por lo tanto, eran vistos como una gran adición a la fuerza de trabajo por los dueños de negocios. Los primeros años de la Revolución Industrial nos han dejado con un número sustancial de historias de estos niños siendo seriamente lastimados. Por ejemplo, un pozo minero podría colapsar y romper algunas de sus extremidades, o sus manos podrían quedar atascadas en una máquina que estaban aceitando. No era raro que murieran en estos accidentes. Además, los humos tóxicos, ya sea los que se producen naturalmente en las minas o los que provienen de los productos químicos utilizados en las fábricas, también erosionaban sus pulmones u otros órganos, haciendo de su vida una existencia insoportable. En la fase inicial de la industrialización, los niños sufrieron tanto como sus padres, cuyas vidas corrían el mismo peligro.

Ilustración que muestra a un niño minero del siglo XVIII (el top) y a niños trabajando en una fábrica textil de principios del siglo XX (del fondo). Fuente: https://commons.wikimedia.org

Sin embargo, para la década de 1830, esto comenzó a cambiar un poco, al menos en Gran Bretaña. A los niños pequeños se les prohibía trabajar, mientras que a los adolescentes se les limitaban las horas. Además, con el desarrollo de nuevas tecnologías de producción, sus papeles en la industria textil fueron un poco recortados, ya que las máquinas estaban cada vez más automatizadas. Gracias a estos factores, el trabajo infantil comenzó a disminuir. Aún así, existió a lo largo del siglo XIX, aunque nuevas leyes comenzaron a regularlo de forma más estricta. Gracias a ello, así como a otras mejoras en la medicina, la vivienda y la nutrición, la tasa de mortalidad infantil comenzó a disminuir significativamente a lo largo del siglo, añadiendo otra razón más por la que la esperanza de vida y el número de habitantes aumentaban. A pesar de ello, las condiciones de trabajo de los adultos siguieron siendo peligrosas, aunque incluso su posición mejoró, pero no sin cierta fricción. Mientras que los propietarios querían trabajadores baratos que trabajaran desde el anochecer hasta el amanecer, sin invertir en su seguridad, los trabajadores querían lo contrario. El rechazo inicial a la introducción de máquinas, que en un principio se consideraba que se llevaban los trabajos humanos, se transformó lentamente en protestas por mejores condiciones de trabajo. Estas fueron las semillas de los sindicatos y de la lucha de clases que trajo consigo la industrialización.

Antes de la Revolución Industrial, la sociedad estaba generalmente dividida en tres clases: la aristocracia, el clero y los campesinos. Sin embargo, desde la Edad Media, este concepto se fue deshaciendo lentamente. El poder de la aristocracia residía en su riqueza que provenía de grandes propiedades; sin embargo, a través de los siglos, surgieron otras formas de ganar cantidades sustanciales de dinero. La más notable fue quizás el comercio, pero los mercaderes nunca lograron desalojar completamente a los nobles de su posición social más alta. Sin embargo, con la llegada de la manufactura industrial, los empresarios e industriales rápidamente comenzaron a ganar mucho. Como nuevo motor de la economía, su poder e importancia crecieron rápidamente, y comenzaron a derrocar a los aristócratas de la escala social. Los primeros inversores e industriales procedían de familias nobles, ya que eran los únicos que tenían suficiente capital para financiar nuevas empresas industriales, pero la mayoría de los aristócratas no estaban interesados en tales apuestas. A medida que la primera fase de la Revolución Industrial continuaba, nuevos empresarios surgieron sin un trasfondo noble. A principios del siglo XIX, los industriales exitosos se volvieron más poderosos que los aristócratas terratenientes. Las dos clases se mezclaron a lo largo del siglo, pero los nobles perdieron rápidamente sus posiciones. Los empresarios y los propietarios de fábricas comenzaron a gobernar el mundo como la nueva clase alta de la sociedad.

El clero, que una vez estuvo por debajo de los aristócratas, también estaba fallando en permanecer como una parte esencial de la sociedad. Los sacerdotes fueron una vez la cima de los estratos educados, respaldados por la Iglesia, una poderosa organización que normalmente trabajaba estrechamente con el estado. Sin embargo, a medida que la educación comenzó a expandirse durante la Revolución Industrial, surgió una nueva clase educada. Consistía en los gerentes y oficinistas, doctores y abogados, y maestros e ingenieros. Se les conoció como la clase media. El clero fue incapaz de mantener su importancia, ya que no podía cumplir con los nuevos roles necesarios en la sociedad. Además, su conservadurismo les hacía bastante difícil aceptar la nueva sociedad en evolución, y la religión también estaba siendo lentamente reemplazada por la ciencia en la búsqueda de respuestas a las preguntas importantes de la vida. Finalmente, la Revolución Industrial también desplazó la posición de los campesinos. Antes de la Revolución Industrial, los campesinos eran el núcleo de la producción. Y no solo se dedicaban a la agricultura, sino que también producían otros productos, como ropa o carpintería. Por supuesto, estos artículos no siempre estaban destinados a la venta, y algunos de los campesinos todavía dependían de los aristócratas, convirtiéndose en arrendatarios de la tierra. Esto cambió con la llegada de la industria, ya que los nuevos medios de producción hicieron que la agricultura dejara de ocupar el primer lugar en la economía, mientras que las masas comenzaron a emigrar del campo a las ciudades en busca de una vida mejor.

Los trabajadores de las distintas ramas de la industria se convirtieron en la principal clase productora de esta sociedad cambiante. La Revolución Industrial se llevó a cabo gracias al duro trabajo de los obreros en las minas y fábricas. Sin embargo, fueron constantemente degradados y despreciados por sus empleadores. Aunque a principios del siglo XX, un trabajador medio vivía mejor que a mediados del siglo XVIII, al menos en la gran escala de las cosas, sus beneficios eran marginales comparados con los de los empresarios. Mientras que los industriales tenían villas y automóviles, los trabajadores seguían viviendo en casas diminutas, comían poco y trabajaban muchas horas por poco dinero. De hecho, parece que, durante la Revolución Industrial, la disparidad de riqueza entre las clases creció, independientemente del crecimiento económico general. Para empeorar las cosas para los trabajadores, estos tenían contacto regular con sus supervisores de clase superior, a diferencia de otras épocas en que los campesinos oprimidos rara vez veían a sus opresores feudales. La burbujeante insatisfacción de ver a otros beneficiarse del rendimiento de su duro trabajo continuó creciendo, y los trabajadores comenzaron a rebelarse, exigiendo mejores salarios, menos horas y mejores condiciones de trabajo. Sin embargo, los industriales solían contar con el respaldo del Estado, ya que la mayoría de los países apoyaban a las grandes empresas como estrategia económica nacional. Por lo tanto, las huelgas de los trabajadores a menudo eran reprimidas violentamente, a veces con fuerza aniquiladora. A su vez, los propios manifestantes se volcaron a medios más radicales y a protestas más fuertes.

Un cuadro de la década de 1880 de una huelga de trabajadores de una fábrica. Fuente: https://commons.wikimedia.org

En la década de 1840, el ahora notorio filósofo alemán Karl Marx comenzó a formar su nueva ideología basada en la lucha de clases. Desde su punto de vista, el choque entre los trabajadores explotados y los propietarios explotadores era inevitable, ya que los trabajadores tenían el derecho de poseer los medios de producción para formar una sociedad más igualitaria y justa. De estas ideas surgieron nuevas teorías políticas, como el socialismo y el comunismo. Aunque en varios grados, estas ideologías relacionadas tenían el objetivo de que el estado o la sociedad tomara el control de toda la producción, tanto de la industria como de la agricultura, y repartiera las ganancias de manera uniforme. El ideal utópico era una sociedad sin clases, sin dinero y, en última instancia, un estado donde todos los hombres y mujeres vivieran en igualdad. Como esto era anticapitalista, antimonárquico y antirreligioso, los partidarios de estos partidos políticos eran tratados con dureza por la mayoría de las autoridades de los países industrializados. Irónicamente, esta ideología, que fue ideada para las naciones altamente industrializadas, llegó al poder por primera vez en la todavía relativamente subdesarrollada y agraria Rusia, que se convirtió en la Unión Soviética en 1917. Esto preparó el escenario para el choque entre las naciones socialistas y capitalistas en el transcurso del siglo XX. Sin embargo, incluso en los países capitalistas, la lucha de clases trajo algunas recompensas para los trabajadores.

A lo largo del siglo XIX, mediante huelgas y protestas, los trabajadores lograron reducir su jornada laboral a ocho horas, conseguir condiciones de trabajo más seguras y, en algunos casos, acceder a algunos beneficios como la atención sanitaria básica y las pensiones. Además, aunque muchos países los prohibieron inicialmente, los trabajadores lucharon para establecer su derecho a la sindicalización. Esto significó que los trabajadores se organizarían en grandes grupos, lo que dificultó a los propietarios de las empresas su explotación. Sin embargo, estos sindicatos de trabajadores nunca lograron integrarse plenamente en una asociación de ámbito nacional. Había demasiadas dificultades y diferencias entre los distintos trabajadores para lograrlo, por lo que la mayoría de los sindicatos locales cubrían tal vez una sola ciudad o incluso una sola fábrica. También cabe señalar que, además de rebelarse contra sus propietarios explotadores, a veces se enfrentaban entre sí. En ocasiones, esto ocurría entre dos fábricas en competencia, y otras veces era contra los inmigrantes que eran vistos por los locales como quienes arrebataban los trabajos. Este último era el más común en los Estados Unidos. Tampoco era raro que se produjera una explosión de disturbios cuando el precio del pan subía. Forzados por la miseria, dirigían su ira a los panaderos. Sin embargo, con las mejoras en las condiciones de vida a principios del siglo XX, estas violentas revueltas se suavizaron, aunque las protestas pacíficas y las huelgas siguieron siendo una forma válida de luchar por los derechos de los ciudadanos.

Estas formas de protesta no violenta también fueron utilizadas por otra porción de la población privada de libertad para luchar por sus derechos. En el siglo XIX, en las naciones occidentales, las mujeres comenzaron a buscar la igualdad de derechos con los hombres. Pidieron el derecho al voto, la igualdad de oportunidades de trabajo y salarios, y un acceso más fácil a la educación, la propiedad y mucho más. Una ilustración de cuán mala era la posición de la mujer en la sociedad puede verse en el ensayo de 1869, El sometimiento de la mujer, de John Stuart Mill, filósofo y funcionario inglés. En él, compara a las mujeres con los esclavos, ya que una mujer actuaba casi como una sirvienta de su marido o de los hombres de la casa. Aunque algunos hombres, como Mill, apoyaban los derechos de las mujeres, la mayoría las desestimaba, pidiendo a sus esposas que se quedaran en casa. Esto impulsó a las mujeres a hacer campaña por su igualdad. Organizaron mítines, protestas y reuniones sociales, formando varias organizaciones y asociaciones para promover su causa. Las más notables y conocidas fueron las asociaciones de sufragistas que defendían el derecho político al voto. Aunque estos movimientos fueron los más fuertes en Gran Bretaña y los Estados Unidos, la primera nación que otorgó a las mujeres el derecho al voto fue Nueva Zelanda en 1893, que actuaba como una colonia británica autónoma. A partir de entonces, los derechos de la mujer comenzaron a extenderse, primero en Australia y luego en Europa. Para 1918, varias naciones europeas, incluyendo Gran Bretaña, Rusia y Alemania, habían dado a las mujeres el derecho al voto. Esto se logró en los EE. UU. en 1920.

A pesar de ello, cabe señalar que la igualdad de la mujer en la sociedad no se logró mediante el sufragio. El movimiento por los derechos de la mujer continuó su lucha por la igualdad a lo largo del siglo XX e incluso hoy en día. Sin embargo, el momento de este desarrollo histórico plantea la cuestión de cómo la Revolución Industrial afectó a la posición de la mujer en general. Al igual que con la cuestión de las clases, los estudiosos están divididos en este tema. Por un lado, la interpretación negativista afirma que la industrialización en realidad alejó a las mujeres de la igualdad. Antes de la Revolución Industrial, las mujeres jugaban papeles importantes en la producción, ya sea en las granjas o en la manufactura textil, pero el nacimiento de la industria las dejó en el hogar, ya que los hombres salían más a menudo a trabajar. Esto sucedió porque las nuevas máquinas y trabajos normalmente requerían más fuerza, haciendo generalmente impracticable contratar a una mujer para hacer el trabajo. Así, un número de mujeres se vieron reducidas al papel de sirvientas domésticas no remuneradas, atascadas en las obligaciones del hogar. Por supuesto, muchas mujeres de clase baja tenían que aceptar trabajos, pero como se las consideraba menos capaces y capacitadas, se les pagaba mucho menos. Esto provocó la creación de la brecha salarial, que aún existe hoy en día. Las damas de clase alta no tenían que trabajar, pero aún así se esperaba que dirigieran el hogar y los sirvientes y actuaran como esposas obedientes para los hombres que mantenían el hogar.

Pintura de principios del siglo XIX que representa a una mujer atada a una pared, cosiendo (el top) y mujeres de principios del siglo XX que protestan por sus derechos al sufragio. Fuente: https://commons.wikimedia.org

En esta interpretación, la mejora de la posición de la mujer vino a través de la iluminación general de la sociedad, que se inspiró en el avance general de los derechos humanos, y la Revolución Industrial solo empeoró las circunstancias. Por otra parte, una interpretación más positivista afirma que la Revolución Industrial ayudó al movimiento por los derechos de la mujer. Según este punto de vista, la producción preindustrial se realizaba generalmente en el hogar y, aunque las mujeres participaban en ella, no tenían un control directo de los ingresos, ya que estos pertenecían a los hombres. Sin embargo, con la llegada de la industria, las mujeres comenzaron a tener trabajos fuera de sus hogares, y ellas mismas recibían su paga. Como las familias dependían de estos ingresos adicionales, y como las mujeres contribuían directamente, su situación comenzó a mejorar. Finalmente, en las últimas etapas de la Revolución Industrial, las mujeres tenían más empleo y a menudo tenían un control más directo de sus vidas. Así, al permitir a las mujeres obtener al menos cierta independencia financiera, la Revolución Industrial les permitió abordar la cuestión de sus propios derechos de frente. Sin embargo, a pesar de la interpretación a la que uno se inclina, es importante señalar que el movimiento por los derechos de la mujer fue llevado a cabo principalmente por damas de clase media o alta, ya que tenían el privilegio de tener suficiente tiempo y educación para asumir la lucha. Las mujeres de clase baja solían estar demasiado preocupadas por llegar a fin de mes como para contribuir significativamente a la causa.

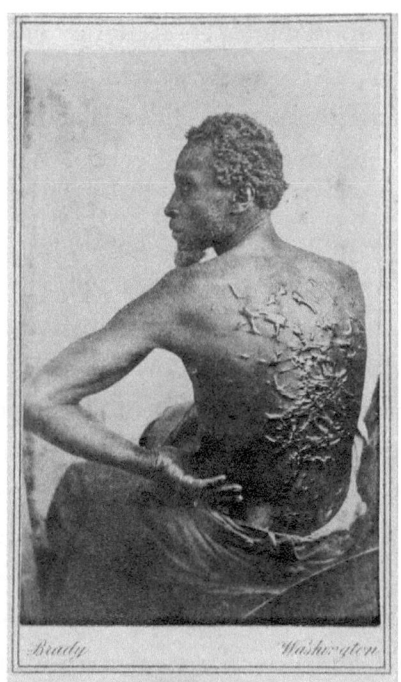

Una esclava del Mississippi con cicatrices de la década de 1860 (el top) y un escudo abolicionista del siglo XVIII (del fondo).
Fuente: https://commons.wikimedia.org

Otra cuestión importante a considerar es el impacto de la Revolución Industrial en la esclavitud. La lógica podría ser que, con el aumento de la producción de máquinas y la agricultura mecanizada, la necesidad de la esclavitud desaparecería. La nueva tecnología usualmente requería un trabajador calificado, lo cual era algo que la mayoría de los esclavos no eran. Hay algo de verdad en esto, pero no fue tanto por la menor necesidad de mano de obra humana sino porque resultó ser más rentable tratar con la industria que con los esclavos. Sin embargo, parece que la industrialización temprana, con su enfoque en la industria textil del algodón, en realidad tuvo el efecto contrario. Mientras que las máquinas para la fabricación de textiles y el procesamiento del algodón evolucionaron, aumentaron la demanda de algodón sin procesar. Sin embargo, no había tecnología para cosechar el algodón sin procesar, que era un proceso que requería de mucha mano de obra. Por lo tanto, esto impulsó a numerosos terratenientes coloniales de toda América a invertir en más esclavos para satisfacer la alta demanda. A medida que la esclavitud fue aumentando a finales del siglo XVIII y principios del XIX, en Europa y en los estados industrializados del norte de los Estados Unidos, la práctica de la esclavitud fue prohibida y/o abolida. En ciertos momentos, algunas naciones, como Francia durante la Revolución Francesa, tendieron a prohibir la esclavitud en la patria mientras la permitían en sus colonias, donde la mayoría, si no todos, los esclavos eran explotados. En la práctica, la necesidad de mano de obra barata superaba a la moral.

A pesar de ello, alrededor de la década de 1820, la idea de la abolición de la esclavitud comenzó a crecer rápidamente, y las batallas políticas comenzaron a gestarse en numerosas naciones. Las más notables son, por supuesto, Gran Bretaña y los Estados Unidos. En Gran Bretaña, la abolición de la esclavitud en todo el imperio llegó en 1833. Sin embargo, debido a la particular posición jurídica de la India en el imperio, la esclavitud siguió siendo legal en algunas partes de la India hasta el decenio de 1860. En los Estados Unidos, la esclavitud se prohibió en todo el país solo después del final de la guerra civil en

1865. En esa época, la mayoría de las naciones, incluidos los países menos industrializados de América del Sur y Europa oriental, también prohibieron la esclavitud, lo que indica que el desarrollo industrial tuvo poco que ver con esa decisión. Parece que la abolición de la esclavitud se basó más en el desarrollo de las ideas ilustradas de justicia e igualdad que en los avances de la tecnología. Aún así, la Revolución Industrial creó una atmósfera en la que la abolición era posible. Como se mencionó antes, llevó a una educación más amplia y accesible mientras que también mostró que el beneficio sin el trabajo de los esclavos no solo era posible sino también mayor. Al final, la Revolución Industrial tuvo una influencia mixta en este asunto. A pesar de ello, cabe señalar que el siglo XIX, independientemente del abolicionismo y de los ideales ilustrados, estuvo lleno de racismo y de explotación de las poblaciones locales de color en todos los continentes, lo que continuó hasta bien entrado el siglo XX, dejando huellas de ello también en la sociedad moderna.

Representación de un escenario típico de la Revolución Industrial con humo saliendo de las chimeneas de las fábricas.
Fuente: https://commons.wikimedia.org

Otra tendencia negativa iniciada por la Revolución Industrial que sigue presente es la contaminación y sus efectos en el medio ambiente. Antes del desarrollo de la industria, los humanos apenas afectaban a la ecología. Talaron los bosques y arrojaron su basura en los ríos y océanos, pero la mayor parte de sus desechos eran degradables y, en última instancia, no eran perjudiciales para el medio ambiente. Sin embargo, con la llegada de las máquinas de vapor de carbón, la contaminación del aire se convirtió en un tema importante. En cuestión de décadas, las ciudades se cubrieron de smog y humo. No obstante, no muchos discutieron sobre ello inicialmente, ya que se consideraba una señal de progreso. Más tarde, con el aumento del uso de diversos productos químicos en la industria textil, los ríos se convirtieron en el principal lugar de eliminación de desechos tóxicos. Esto solo empeoró a medida que se crearon nuevas industrias, en particular la química y la del gas, que producían subproductos cada vez más tóxicos. A mediados del siglo XIX, los gobiernos empezaron a notar los efectos de la contaminación, impulsando las primeras regulaciones. Sin embargo, estas eran en su mayoría locales e ineficientes. Dado que la industria era esencial para la expansión económica, ningún gobierno quiso impedir demasiado su desarrollo y crecimiento. Esto condujo a la formación de una serie de asociaciones y organizaciones que luchaban por la preservación del medio ambiente a finales del siglo XIX. El impacto ecológico de la Revolución Industrial también puso a una parte de la población en contra de la industrialización. Sin embargo, las industrias continuaron dañando el medio ambiente, mientras que los gobiernos solo hicieron lo mínimo para detenerlas.

La llegada de la era industrial trajo otro importante cambio en la forma de vida moderna que normalmente damos por sentado. Con el aumento de la producción manufacturera, la creciente urbanización, el aumento de la población y el crecimiento general de la economía, surgió una nueva rama económica. Llamada acertadamente el sector de servicios, esta rama no se encargó de la producción sino de proporcionar servicios a aquellos que podían costearlos. Estos trabajos habían existido durante milenios, sobre todo en forma de tabernas e incluso de abogados, pero con la llegada de la era industrial, la necesidad de tales negocios creció. Con el aumento de la vida nocturna, se abrieron más y más posadas y restaurantes, mientras que la facilidad para viajar aumentó la demanda de hoteles. También se crearon nuevos puestos de trabajo, como operadores de teléfonos. Los negocios en crecimiento también necesitaban empleados, secretarias y gerentes de bajo nivel, mientras que incluso las burocracias gubernamentales requerían de estos profesionales. Estos llamados trabajos de cuello blanco se convirtieron esencialmente en la columna vertebral de la clase media. No solo los salarios eran generalmente mejores, al menos cuando se comparaban con los de trabajadores igualmente calificados, sino que también requerían poco o ningún trabajo físico. Esto era especialmente importante con respecto a las mujeres, ya que significaba que eran más que capaces de hacer los trabajos como los hombres. Es probable que no sea una coincidencia que el crecimiento del sector de los servicios coincidiera con la aparición del movimiento por los derechos de la mujer. Sin embargo, el aspecto más crucial de este cambio es que aportó una diversidad mucho mayor a la economía, ayudándola a crecer y a expandirse en nuevas áreas y permitiendo la creación de más capital.

Al final, la Revolución Industrial cambió casi todos los aspectos de la vida humana. Por un lado, la vida laboral de la mayoría se hizo más estricta y bien organizada, mucho más estricta de lo que había sido en la era preindustrial. Los trabajadores de las fábricas tenían que obedecer más reglas y procedimientos, y mientras trabajaban, sus vidas eran esencialmente dirigidas por otros. Además de una vida laboral cada vez más rígida, el aumento de los ingresos también trajo consigo nuevas oportunidades de ocio, que se convirtieron en vitales para la masiva fuerza de trabajo urbana. Después de un largo día de trabajo, los obreros querían desahogarse un poco. Buscaron diversión y recreación en pubs y teatros de música popular, más conocidos como vodeviles, y se creó el turismo, tal como lo conocemos hoy en día. Las películas y la música grabada solo fomentaron este cambio. El exceso de capital formado por la Revolución Industrial también ayudó a la creación de los deportes modernos y profesionales, estableciendo otra posibilidad para la clase obrera de escapar de la rutina diaria de la vida. Incluso el arte se hizo más accesible, ya que la producción en masa permitió la producción de libros, pinturas, jarrones y esculturas baratas. A pesar del argumento de que el arte se debilitó o se volvió vulgar, el hecho es que ya no estaba disponible solo para la clase más rica. También vale la pena señalar que la era industrial produjo algunos de los artistas más notables de la historia, como Vincent Van Gogh y León Tolstoi, solo por mencionar algunos. El arte en sí mismo cambió cuando algunos artistas trataron de encapsular la agudeza de los tiempos industriales. En contraste, otros encontraron el arte como un escape a la naturaleza, que se estaba alejando cada vez más de la existencia humana.

Todos estos cambios no solo fueron provocados por el exceso de capital recién obtenido sino también por los avances tecnológicos de la propia Revolución Industrial. Los barcos de vapor y los trenes permitieron que la gente viajara, se necesitaba hormigón y acero para construir estadios, la pintura artificial hizo que pintar fuera más barato y más fácil, y la imprenta podía hacer miles de libros al día. Por si fuera poco, incluso la forma de vida misma fue cambiada por la Revolución Industrial. Las casas se construyeron con ladrillos y hormigón, así como con acero y vidrio. Su diseño, al menos para las viviendas más baratas, se hizo más simple y era generalmente reproducible a gran escala. Casi todos los artículos dentro de las casas eran ahora hechos en una fábrica por alguien más, comprados con los salarios ganados por el trabajo duro. El consumismo prosperaba, ayudado por la llegada de la producción en masa y los grandes almacenes. Con él llegaron nuevas formas de vender cosas, ya que los anuncios cubrían cada vez más el paisaje de la ciudad. Las vidas comenzaron a girar en torno a la venta, la compra y la propiedad de las cosas. Sin embargo, gracias a una variedad mucho más amplia de bienes de consumo disponibles, muchos encontraron más fácil expresar sus propias identidades. Podían elegir qué ropa usar, qué periódicos leer y qué música escuchar. Desafortunadamente, estas elecciones a menudo eran dictadas por las modas actuales, dejando a muchos con vidas similares.

Finalmente, la Revolución Industrial aceleró las vidas humanas. Por un lado, como el valor de una persona se veía cada vez más solo a través del dinero, el tiempo se convirtió en dinero. Se consideraba inadecuado perder demasiado tiempo, y así, todos empezaron a apurarse. Esto solo fue facilitado por un transporte y una comunicación cada vez más rápidos. Aunque las actividades de ocio crecieron, cada vez había menos tiempo para ellas. Esa es una de las razones por las que se hizo tan importante encontrar una buena manera de llenarlo. Era casi como si todos estuvieran persiguiendo algo. La naturaleza agitada de la vida urbana solo se sumó a tales sentimientos, ya que las calles se llenaron de gente y la vida se volvió cada vez más complicada. Como la maquinaria, todo parecía tener más engranajes y partes móviles. La nueva forma de vida trajo nuevos tipos de presión, sentimientos de soledad, y una sensación de desconexión del resto de la humanidad. Sin embargo, al mismo tiempo, hizo que todo fuera mucho más excitante y rápido. Todo era instantáneo, y nada podía esperar. Los sabores se volvieron más audaces, los colores mucho más brillantes. Al final, como para la mayoría de las cosas en la vida, la experiencia de la Revolución Industrial dependía del punto de vista y la experiencia personal de cada uno.

Epílogo

No es raro que los libros sobre la Revolución Industrial terminen sus historias en la víspera de la Primera Guerra Mundial. Terminar con una nota fuerte, donde la industria está en auge y todo está bien, es siempre una elección popular. Sin embargo, es crucial reconocer que la historia no es tan limpia y alegre como a veces tratamos de representarla. El creciente poder y riqueza que ejercen los estados industriales cada vez más competitivos son al menos parcialmente responsables del estallido de la Gran Guerra. Incluso si la conexión es cuestionable, el alto número de muertes y masacres que se produjeron durante los cuatro años de sangriento combate son innegablemente el producto de la era industrial. Nuevos tipos de armas, más mortíferas que nunca, se produjeron en cantidades sin precedentes. Todo esto fue gracias a los numerosos avances tecnológicos realizados durante la Revolución Industrial. La industrialización también contribuyó en parte a la creación de un nuevo tipo de guerra, conocida hoy como guerra total. Mientras que en tiempos anteriores bastaba con derribar a las tropas enemigas para ganar, con la moderna economía industrial y el aumento de la población, un ejército entero podía ser rápidamente reemplazado por una nueva unidad. Así pues, no bastaba con matar al enemigo, sino también con devastar su economía, su población civil y todo el frente local para lograr una victoria clara y decisiva. Desafortunadamente para la humanidad, esto no se logró en 1918, y una nueva guerra mundial estalló en 1939, que resultó ser aún más sangrienta. Una vez más, las industrias más avanzadas lo hicieron posible.

El hecho de que la industria continuara desarrollándose después de 1914 también plantea la cuestión de si la Revolución Industrial llegó a su fin. Vale la pena notar que un número de académicos tienden a decir que no y en realidad afirman que la revolución continúa hasta el día de hoy. A sus ojos, con el nuevo e importante avance en tecnologías logrado en los años 50 y 60, el mundo entró en una Tercera Revolución Industrial. Se crearon nuevos tipos de materiales plásticos, se mejoró la producción del acero, se abarataron los bienes de consumo y se logró una nueva piedra angular en la producción y los ingresos. A finales del siglo XX, con la llegada de las computadoras y la era digital, se dio otro salto tecnológico. Las computadoras hicieron que todo funcionara más fácilmente, mientras que la robótica comenzó a reemplazar la cada vez más ineficiente mano de obra humana aún más que antes. Internet hizo que la comunicación fuera instantánea y mundial. Otro avance industrial significativo se logró en lo que puede ser visto como la Cuarta Revolución Industrial. A lo largo del siglo XX y principios del XXI, se realizaron mejoras y desarrollos sustanciales en los materiales de producción, como las fibras de carbono, o en la energía, con plantas nucleares y solares. Todo esto confirma la idea de que la Revolución Industrial nunca terminó realmente. Sin embargo, también es cierto que estos cambios, por muy vitales que sean, no fueron tan revolucionarios como la llegada de la industrialización. La Revolución Industrial, en cierto modo, se convirtió en una evolución, ya que la tecnología continuó avanzando.

Dicho esto, esta perspectiva es un tanto occidental, ya que se aplica solo a las naciones que se industrializaron a principios del siglo XX. Mientras que esos países ya no experimentan estos cambios como revolucionarios, un número de naciones asiáticas, africanas, de Europa del Este y Sudamérica no comenzaron su movimiento de industrialización hasta después de 1918. Desde su punto de vista, la Revolución Industrial no terminó hasta que también transformaron sus economías. Basta con pensar en China, uno de los principales rivales económicos de los Estados Unidos en la actualidad, que solo empezó a industrializarse en el decenio de 1950, logrando importantes avances solo en el decenio de 1990. El hecho es que todavía hay un gran número de países que esperan su renacimiento industrial, algo a lo que la mayoría de las naciones se inclinan, ya que, hasta ahora, es un requisito previo para la prosperidad económica. La comprensión de esto lleva a la idea de que la Revolución Industrial nunca se detuvo, ya que todavía se está extendiendo por todo el mundo. Por lo tanto, con los continuos avances tecnológicos y la expansión de la industria, la Revolución Industrial no ha encontrado realmente su fin, aunque su naturaleza ha cambiado significativamente en los dos siglos y medio transcurridos desde su comienzo. Esto solo se corrobora por el hecho de que nuestras vidas hoy en día continúan siendo impactadas y alteradas por las transformaciones en la manufactura y la economía.

Conclusión

La Revolución Industrial abarcó un largo período y muchos países. Fue un evento único y centralizado, como la mayoría a lo largo de la historia, y su efecto en toda la humanidad es difícil de medir. La producción se disparó, la población creció, las máquinas comenzaron a reemplazar a los humanos, la ciencia y la educación evolucionaron, la sociedad se transformó y la vida cotidiana se alteró. Casi nada permaneció igual. Como muchos eventos históricos de tal complejidad, la Revolución Industrial es difícil de evaluar. Tuvo efectos tanto positivos como negativos en la humanidad, tanto objetivamente como desde perspectivas y puntos de vista particulares. Sin embargo, esto no debería ser una sorpresa, ya que la vida rara vez es clara y simple. La comprensión que nos ayuda a entender nuestro tiempo moderno, especialmente desde que su complejidad se construyó sobre los cimientos establecidos por la propia Revolución Industrial. Comprender las fuerzas que causaron el auge de la industria, y que más tarde ayudaron a evolucionarla, también nos ayuda a entender nuestro propio presente. Al final, es de lo que trata la historia, tratando de comprender las complejidades del pasado y tratando de extrapolarlas a nuestros tiempos. Si somos capaces de ver tanto el lado positivo como el negativo de nuestra historia, podemos evaluar mejor nuestra propia época de una manera objetiva, sin importar cuán sombríos o brillantes puedan parecer los aspectos de nuestros días actuales en ciertos momentos.

Otra lección que se puede aprender de la Revolución Industrial es que el cambio no es ni bueno ni malo, sino una parte regular de nuestra existencia. No debemos temerlo, pero tampoco debemos permitirnos hacer cosas para crear un cambio sin ningún pensamiento o control. Y cuando la transformación ha comenzado, rara vez hay algo que podamos hacer para detenerla. La historia tiende a decirnos que esto es cierto, no importa si el cambio es pequeño o grande, rápido o lento, instántaneo o duradero. La revolución que vino con la industrialización fue, por supuesto, enorme, rápida y larga, agregando mayor complejidad. El cambio fue tan profundo que afectó a cada parte de nuestras vidas. Podría compararse con el ejemplo biológico del primer animal que caminó sobre la tierra hace muchos millones de años. En esencia, fue la Revolución Industrial la que casi por sí sola llevó a nuestra sociedad a la modernidad. Como tal, es difícil tratar de encapsular cada aspecto de tal evento de una manera satisfactoria. Por ello, este libro es solo una introducción a la historia de la Revolución Industrial, algo que esperamos haya despertado su interés en leer más sobre este evento histórico fundamental.

Vea más libros escritos por Captivating History

Bibliografía

Brinley Thomas, *La Revolución Industrial y la Economía del Atlántico: Ensayos seleccionados*, Londres, Routledge, 1993.
C. Freeman and Francico Louçã, *A medida que pasa el tiempo: De la Revolución Industrial a la Revolución de la Información*, Oxford, Editorial de la Universidad de Oxford, 2001.
Charles R. Morris, *La Primera Revolución Industrial Americana: El amanecer de la innovación*, Nueva York, PublicAffairs, 2012.
Craig Calhoun, *La cuestión de la lucha de clases: Fundamentos sociales del radicalismo popular durante la revolución industrial*, Chicago, Editorial de la Universidad de Chicago, 1982.
Douglas Fisher, *La Revolución Industrial: Una interpretación macroeconómica*, Londres, Editorial Macmillan LTD, 1992.
E.A. Wrigley, *La energía y la revolución industrial inglesa* Cambridge, Editorial de la Universidad de Cambridge, 2010.
Emma Griffin, *Libertad al amanecer: una historia popular de la revolución industrial*, New Haven, Editorial de la Universidad de Yale, 2013.
Eric J. Hobsbawm, *Industria e Imperio: Desde 1750 hasta hoy*, Londres, Libros Pingüino, 1999.
Graeme Donald Snooks, *¿Fue necesaria la Revolución Industrial?*, Londres, Routledge, 1994.

Hal Marcovitz, *La Revolución Industrial*, San Diego, Editorial ReferencePoint, Inc., 2014.

J. Horn, L. N. Rosenband and M. R. Smith, *Reconceptualización de la Revolución Industrial*, Cambridge, Editorial MIT, 2010.

James R. Farr, *Eras Mundiales vol. 9: Revolución Industrial en Europa, 1750-1914*, Detroit, Thomas Gale, 2003.

James Wolfe, *La Revolución Industrial: Vapor y Acero*, Nueva York, Editorial Educativa Británica, 2016.

Jane Humphries, *La infancia y el trabajo infantil en la Revolución Industrial Británica*, Cambridge, Editorial de la Universidad de Cambridge, 2010.

Joel Mokyr, *La Revolución Industrial Británica: Una perspectiva económica*, Boulder, Editorial Westview, 1999.

Joyce Burnette, *Género, Trabajo y Salarios en la Revolución Industrial Británica*, Cambridge, Editorial de la Universidad de Cambridge, 2008.

K. Hillstrom and L. C. Hillstrom, *La Revolución Industrial en América: hierro y acero, ferrocarriles, transporte de vapor*, Santa Bárbara, ABC-CLIO, 2005.

Kenneth E. Hendrickson III, *La Enciclopedia de la Revolución Industrial en la Historia Mundial*, Londres, Rowman & Littlefield, 2015.

Laura L. Frader, *La Revolución Industrial: Una historia en documentos*, Oxford, Editorial de la Universidad de Oxford, 2006.

Lawrence Barham, *De la mano a la obra: La Primera Revolución Industrial*, Oxford, Editorial de la Universidad de Oxford, 2013.

Lee T. Wyatt III., *La Revolución Industrial*, Londres, Editorial Greenwood, 2009.

Michael Andrew Žmolek, *Repensando la Revolución Industrial: Cinco Siglos de Transición del Capitalismo Agrario al Industrial en Inglaterra*, Boston, Brill, 2013.

Pat Hudson, *La Revolución Industrial*, Londres, Hodder Arnold, 2005.

Peter N. Stearn, *La Revolución Industrial en la Historia Mundial*, Boulder, Editorial Westview, 2013.
Phyllis Deane, *La Primera Revolución Industrial*, Cambridge, Editorial de la Universidad de Cambridge, 1979.
R. M. Hartwell, *Las causas de la revolución industrial en Inglaterra*, Nueva York, Routledge, 2017.
Richard Grassby, *La idea del capitalismo antes de la revolución industrial*, Londres, Rowman & Littlefield, 1999.
Robert C. Allen, *La Revolución Industrial Británica desde una Perspectiva Global*, Cambridge, Editorial de la Universidad de Cambridge, 2009.
Robert C. Allen, *La Revolución Industrial: Una muy breve introducción*, Oxford, Editorial de la Universidad de Oxford, 2017.
Robert J. Morris, *Clase y conciencia de clase en la revolución industrial, 1780-1850*, Londres, Editorial Macmillan LTD, 1979.
Roger Osborne, *Hierro, vapor y dinero: La fabricación de la Revolución Industrial*, Londres, Editorial Bodley Head, 2013.
S. Broadberry and K. H. O'Rourke, *La Historia Económica de Cambridge de la Europa Moderna Volumen 1 y Volumen 2*, Cambridge, Editorial de la Universidad de Cambridge, 2010.
Stanley Chapman, *La Empresa Mercantil de Gran Bretaña: De la Revolución Industrial a la Primera Guerra Mundial*, Cambridge, Editorial de la Universidad de Cambridge, 1992.
Sylvia Jenkins Cook, *Mujeres Trabajadoras, Damas Literarias: La Revolución Industrial y la aspiración femenina*, Oxford, Editorial de la Universidad de Oxford, 2008.
Vaclav Smil, *Creación del siglo XX: Innovaciones técnicas de 1867-1914 y su impacto en el tiempo*, Oxford, Editorial de la Universidad de Oxford, 2005.
William J. Ashworth, *La Revolución Industrial: El Estado, el conocimiento y el comercio mundial*, Londres, Academia Bloomsbury, 2017.

www.ingramcontent.com/pod-product-compliance
Lightning Source LLC
LaVergne TN
LVHW041639060526
838200LV00040B/1630